井上健哉
Kenya Inoue

会って3分　話して1分

初対面で売れる技術

successful
sales
approach

かんき出版

まえがき

はじめまして、井上健哉です。
本書を手に取っていただき、ありがとうございます。
あなたは営業という仕事をしていて、こんなことに困っていないでしょうか？

「お客様がなかなか契約してくれない」
「お客様の気持ちがつかめない」
「そもそも訪問すべきお客様がいない」

これらは、かつて私が悩んでいたことです。

売れる営業パーソンと売れない営業パーソンの「差」が生まれる原因は、「つかみ」にあります。

セールスは、お客様と会って最初の数分で決まります。この初対面の数分間に心血を注ぐことで、商品が急に売れるようになるのです。

お会いして真っ先に営業パーソンがすべきことは、お客様の心を「つかむ」こと。「つかみ」とは、もともとお笑いの用語で、お客様の心をつかむ、注意を引きつける、お客様との距離を縮めるというような意味を表し、大切な要素とされています。

営業でも同じです。会って1分や3分という短時間でお客様が持たれる印象は決まります。「保険って、ややこしくて難しそう」という不安。「売り込まれるのは面倒だ」という警戒心。これらの壁を取り除いて、「この人はほかのセールスマンとは違う」「30分くらいなら話を聞いてやるか」とこちらに関心を抱いてもらうことを、私は「つかみ」と言っています。

具体的にお話ししましょう。私はお客様とお会いしてすぐ、こんなふうに切り出します。

「今日は保険について、私の考えをお話しするために来たので、保険は売りません」

「保険を売りに来てこんなことを言うのも何ですが、『保険貧乏』になるほど過剰に入るのはどうかと思います。毎月のお支払いは『適量』でいいのではないでしょうか」

すると、こちらの様子をじーっと見ていたお客様が、「保険のセールスなのに、売らないなんてどういうこと？」と驚かれ、「この人は過剰な保険を売ろうという価値観の持ち主ではない」と理解していただけます。そこへ、

「私は『保険太り』は必要ないと思っています。保険太りというのは何か災害や不幸があったとき、保険に入っていたおかげで実際の損失額よりもたくさんの保険金が下りることですが、これはあまりいいことじゃないんです。何かあったとき、失ったお金を少しだけ上回る保険金が下りるくらいでちょうどいい。保険太りをするということは、月々の支払額が多額になってしまうということでもありますから」

初対面でこんな話をすると、お客様は、緊張が解けて安心されます。その結果、私の話を聞く気になってくださるのです。

保険営業ではよく、**「商品を売る前に自分を売れ」**と言われます。

つまり保険という目に見えない「約束」を売るわけですから、まず自分という人間を信

頼してもらわなければ始まりません。

生保営業は、世間に数多くある営業のなかでも難易度ナンバーワンと言われ、なかなか3年目を迎える者がいない業界です。

目には見えない保障を売る。使わないかもしれない保障を売る。使いたくない保障を売る。こうお話しするだけでも、十分難しさをご理解いただけるでしょう。

お客様は、かつて保険セールスを受けた経験があると、営業された途端「出た、売り込まれる」と露骨に拒絶反応を示されます。だから「つかみ」がセールスには必要なのです。

「つかみ」がとれる営業スタイルに変わると、誰でも売れるようになります。**本書は、売れる営業パーソンに必要な「つかみの極意」を1冊にまとめたものです。**

本書のタイトルに「会って3分 話して1分」とありますが、実際には、そんなに早く契約が決まることはほとんどありません。

ただ、本書で述べているやり方を実践するだけで、「いままでの営業が何だったのか？」と思うくらいスムーズに商談が進むようになります。

「つかみ」というのは、商談開始5分のアイスブレイク（空気づくり）や、将来の商談相手として自分自身を印象づけるための所作やトークも含まれます。

初対面特有の「場の雰囲気」を和ませるとか、人に質問する前に自分という人間を開示する。そんな「つかみ」がとれなくて、大勢の営業パーソンは「お客様が話を聞いてくれない」と悩んでいるのです。初訪問でつまずくのは、最初の数分間。ここで「つかむ」前に本題に入ってしまう。だからスベる（売れない）、という負のスパイラルに陥ります。

いくら知識が豊富でも、自分が知っていることと、それを他人に伝えること、そして「心をつかむ」ことは、まったく別の技術。**せっかく知識をつけて、伝える技術を磨いても、相手の心をつかんで聞く耳を持たせなければ商談は始まりません。**これが26年間の営業人生で得た「私の結論」です。

生保1年生でも、すぐにある程度売れます

この本では、保険営業の1～2年生でも、すぐにある程度売れるヒントを紹介しています。

残念ながら、現在の保険営業は長く続けられる人が少ないのが現実でしょう。

私は保険営業の離職率が高い理由のひとつは、自分が売った数に応じて報酬が支払われる「歩合給制」というシステムにあると思います。

つまり歩合給制では一般に、「自分のノウハウを人に教えたら損だ」という意識が働きますから、ノウハウを共有するとか、後輩を育てるというような文化がなかなか育ちにくい。ひとつの会社に所属していても、実態は個人事業主の集合体であることが多いので、ノウハウを広めるような文化が根付きにくいのです。

また、後輩を育てられる人も少ない。だから売れる人は極端に売れまくるけれど、売れない人は本当に売れない。そんな現状を打開するためにも、私は26年分の営業ノウハウをすべてこの本に書きました。

保険営業を、誰でも長く続けられる仕事にしたい。そろそろ、驚異的な売上を挙げる人と、まったく売れない人たちの中間に位置する人たちを育てる時代が来てもいいのではないかなと思うのです。

ベテランの方からも「お墨付き」のノウハウを書きました

私が2002年以降、全国で主宰している「けんや塾」は、文字通りベテラン中のベテラン、いわゆるトップセールスマンの方々も数多く受講されています。業種・業界を問わず、そういう方々ほど自己研鑽の意識が極めて高い。これは、トップであり続ける方の共通点でしょう。

彼らが求めるもののひとつは、発想の転換（パラダイムシフト）。長年の経験で培ったノウハウを別の角度から考察することで、再発見や化学反応が起きる。すると、さらに売れる。実際、これまで延べ500人以上のMDRT（Million Dollar Round Table の略。世界70の国と地域で毎年業績トップ6％だけが登録資格を得られる卓越した生保のプロによる国際的な組織）メンバーの方々が「けんや塾」で学ばれています。

本書でも彼らから絶大な支持を得た、即効性が高く今日からすぐに始められるテクニックを数多く取り上げました。

最後に、私の経歴についてお話ししておきましょう。

私は京都銀行で社会人としてのキャリアをスタートし、29歳でソニー生命保険株式会社に転職しました。最初のうちは見事に売れなかったのですが、やり方をコツコツと改善していくうちに、MDRTに、20回連続で登録させていただくまでになりました。現在も現役で保険の営業をしながら、研修やセミナーで全国を飛び回っています。

こうお話しすると、私がいかにも社交的で弁が立つかのようですが、実際はその反対。とても人見知りで、神経も図太くありません。しかし、だからこそ「心が折れないようセールスをするには、どうすればいいのか？」を研究して、売れるコツを編み出してきたのです。

本書は保険会社の営業の方から、販売代理店の方、あるいは窓口販売の方など、保険を扱うすべての人にとって役立つ内容となっています。巻末には、特典としてそのまま使えるセールストークの事例なども豊富に載せました。どんどん真似をして使っていただきたいと思います。

死にもの狂いでがんばらなくても、確実に保険が売れるようになるはずです。

みなさんの仕事がうまくいくことを願ってやみません。

2017年7月

井上健哉

売れるコツ43

コツもくじ

序章

イントロダクションのコツ

第1章

アプローチのコツ

第２章

ヒアリングのコツ

第3章

プレゼンテーションのコツ

第4章

クロージングのコツ

第5章

マーケティングのコツ

会って3分 話して1分 初対面で売れる技術 もくじ

アプローチのコツ 11～24

第2章 ヒアリング

ヒアリングのコツ 25〜30

第3章

プレゼンテーション

クロージングのコツ 35～39

第5章

マーケティング

装丁：鈴木大輔（ソウルデザイン）
本文デザイン：江﨑輝海（ソウルデザイン）
編集協力：長山清子
ＤＴＰ：佐藤千恵

序章 イントロダクション

営業は4ステップ+1に分けられる

セールスプロセスは、

1　アプローチ（お客様に話を聞いてほしいと働きかけること）
2　ヒアリング（お客様の要望を聞くこと）
3　プレゼンテーション（お勧めの商品の魅力をアピールすること）
4　クロージング（契約締結を促すこと）

の順で進めるのがセオリーとされています。

保険営業も例外ではありません。私も、概ねこの流れに沿って営業していますが、主宰する研修やセミナーでは、セールスプロセスをより深くイメージしてもらうために**「レストラン」にたとえて説明しています。**

セールスプロセスを「レストラン」にたとえると…

1	アプローチ	店外看板
2	ヒアリング	メニュー説明、オーダーをとる
3	プレゼンテーション	実食（確認）
4	クロージング	判定（評価）
5	マーケティング	集客

私の考えるアプローチとは、レストランなら店外に看板を出して、「こんな料理を出していますよ」「値段はこれくらいですよ」と情報を開示すること。また、店内の様子がわからないと入店するのに躊躇してしまいますから、お客様が入りたくなるよう、店内の様子が外からうかがえる造りにすることも大切です。

これは、「まえがき」で述べたように、真っ先に保険に対する自分の考えをお伝えすることに通じます。それによって「この人なら、話を聞いてもいい」と思っていただく。これが「つかみ」です。レストランがお客様に入店してもらえないと始まらないように、**保険営業も話を聞く気になってもらえないと、商談は始まりません。**

次のヒアリングとは、入店していただいたお客様にメニューをお見せしながら「本日のお勧めはこれですよ」「何か嫌いなものやアレルギーはありませんか」という対話《ダイアログ》を通して、好みや関心を引き出し、オーダーを取ることです。

営業におけるヒアリングというと、お客様の家族構成や年収などを事細かにお聞きするというイメージがありますが、実は私はあまり質問をしません。それよりも、**こちらから「お勧め」を提示して、お客様の「これは嫌い」「これは好き」という反応を引き出しています。**

プレゼンテーションは、お客様に実際に料理を食べていただく「実食」にあたります。お客様はこの段階で、自分のオーダーした料理がどんな味（内容）なのか確認します。

レストランの実食で大切なのは、コース料理なら味はもちろんのこと、お店の雰囲気に始まり、盛り付け、食器との調和、料理を提供する順番とタイミング（温かいものは温かく、冷たいものは冷たいままなど）、そして料理の説明などです。これらすべてがうまく整って初めて「おいしい。よかった」とご満足いただけます。ただ胃袋に入ればよいのではありません。

生保のプレゼンでもまったく同じことが言えます。特に気をつけたいことは生保の場合、レストランと違って、メニューで値段をお見せするわけではないので、実際の保険プランを提案したときに、「どうしてこんな商品を私に持ってきたの⁉」とお客様をビックリさせないこと。そのために一つ前の**「ヒアリング」で、「次回はこんなものを持ってきますね」と予告しておくことが売れるプレゼンテーションのポイント**になります。

そしてクロージング。この段階でお客様はお店を「判定」します。「おいしかったからまた来よう」と思うのか、それとも「イマイチだったから、もう来ません」と思うのか。

実は何をかくそう、私はクロージングが大の苦手。「買ってください、お願いします」と言い出すのが嫌なので、「お客様のほうから『これでいきます』と言わせたい」と常々考えています。ですから**なるべく早い段階からクロージングをちょこちょこかけて、最後のクロージングはごく軽くで済むようにしています。**

さらに、これら４ステップとは別に、常にしなければいけないのが「マーケティング」

です。マーケティングとは、レストランでいえばお店の存在を多くの人に知ってもらうために広告を出したり、チラシを配ったり、SNSで発信したりすること。また、お店の「売り（特徴）」を出した看板メニューをつくることも含まれます。これまでの4ステップが行き届いていれば「再来店（リピート）」してくれますし、友人や親せきを「紹介」してもらえるでしょう。そのための「口コミ」を狙います。

ちなみに、私のセールスの特徴は、セールスプロセスの前半、特にアプローチに注力することにあります。なぜなら**お客様との初対面でどう振る舞うかで、ほぼ成約が決まるから**です。私の感覚でいえば、その確率は約7割。初訪問でつまずけば、2回目3回目もつまずきっぱなし。巻き返そうとしてもとても困難です。スベる営業は、ここでお客様の気持ちを「つかむ」前に本題に入ってしまう。だから失敗するのです。

お会いしてすぐに好かれなくとも、**まずは嫌われないこと。**嫌われなければ、話を聞いてもらえるチャンスがある。そうすれば、少しずつでも好きになってもらえる可能性があります。そうやって私は26年間、営業してきました。

各セールスプロセスについては、これから順を追って説明していきます。

セールスプロセスは臨機応変に変える

もう一点、セールスプロセスで大切なことは、アプローチ→ヒアリング→プレゼンテーション→クロージング、という**「順番」が絶対ではない**ということです。

お客様のなかにはすぐに保険を買いたい方もいらっしゃいます。特に日頃忙しくされている企業経営者の方から「ヒアリングなんかいいから、いきなりプレゼンしてくれ」と頼まれることが度々あります。そういった人に向けて「いや、ちょっと待ってください。まずは保険についての考え方を説明します。10年後のあなたとご家族は……」などと、杓子定規に1《イチ》から進めては、お客様がイライラしてしまいます。ですから、ときにはアプローチやヒアリングを「省く」ことも必要。あるいは、「悪いけど、このあいだ説明されたことを忘れちゃったから、もう一回教えて」と逆戻りすることもあります。

現実はセオリー通りには進まないもの。商談というライブで大事なのは、教科書通りに商談を進めることではありません。目の前のお客様の様子をよく観察し、それにあわせて、セールスプロセスを変化させることです。お客様の顔色や動作、姿勢に注目していれば、お客様が心のなかでどんなことを思っているかは、だいたいわかります。

いま、つまらないと思っていらっしゃるな、だんだん飽きてこられたな、ちょっと疲れた顔になられたな……ということは、観察していればわかるもの。そんなときは、すぐに軌道修正します。そんな**ひとつひとつの行動が「つかみ」につながる**のです。

売れている営業パーソンがそうする一方、売れていない営業パーソンに共通するのが、自分が話すことに夢中になっていて、相手の表情を見ていないことです。パンフレットを前にして説明したり、パソコンを使って商談したりしていると、お客様から注意が逸れてしまい、表情を見るのが二の次になってしまう。

それが嫌なので、**私の初訪ではほとんど何も持たず「丸腰」で伺う**ようにしています。

順番をショートカットしたり、ときに1つ前に戻るなど、臨機応変にアドリブで対応できるようにしてください。現場の空気に合わせて商談の流れをリードできてこそ、プロの営業パーソンというものです。

セールスで私が大切にしている3原則

序章の最後として、私の延べ26年間の営業人生で、大切にしている3か条をまとめておきます。

この3つは、本書全体を貫く「哲学」でもあります。

まず1つ目は、**お客様の心理を読み、先回りして行動する**ということです。

お客様は、難しい、面白くない、早く帰ってほしい、強引に売り込まれるかもしれないという不安を抱きながら、私たち営業パーソンの話を聞いています。

そこで、相手が心のなかで思っているであろうことを想像して、口に出すのです。

「月々の支払いは少ないほうがいいですよね？」

「保険のセールスをされるのって、嫌ですよね？」

するとお客様は、「そうそう、そうなのよ」とか、あるいは「そんなことないわよ」と言いながら、内心、「この人はわかってくれる」という安堵感に包まれます。

「まえがき」でも触れましたが、生保セールスを受けるお客様は「いらないものを売りつけられるのでは」という「不安」や、「保険って難しくて説明を聞いてもよくわからない」という「不満」を抱いています。「いままで入っていた保険をやめる決心がつかない」という「不断」もあるかもしれません。私はこれらの「不」を取り除いてあげる作業こそが、営業だと考えています。

２つ目。**商談を通して、お客様を楽しませること**です。残念ながら保険の話は、聞いていてあまり楽しいというものではありません。病気をしたとき、ケガをしたとき、家族が亡くなったとき――、保険が役立つのは常によくないことが起きたときです。歓迎されざる状態に備えるのが保険であるがゆえ、保険の営業を受けるというのは、お客様にとって決して愉快な体験ではないのです。

しかし逆に言えば、**意識して少し面白い話をするだけで、期待値を軽々と超えられる。**ものすごく面白い話をしなくても、そこそこ面白ければそれで十分なのです。

まずは楽しい会話を心がけてみてください。保険だって買い物なのですから、「レッツ・エンジョイ・ショッピング」。お客様が、ヒヤヒヤ・ハラハラしている状態からワクワク・ドキドキの状態にするためのコツも、本書ではたくさん紹介しています。

お客様の言いなりになって商談が進んでいくのではなく、こちらが主導権を持って商談という舞台を演出する。これが、プロの営業パーソンとしての腕の見せ所ではないでしょうか。当然、面白くなければ「お客様の紹介」も生まれません。

3つ目。**提案するのは、プロとして納得できるプランか。**

お客様によって必要な保障は異なります。

「安心できる保障が欲しい」「少しでも安いほうがいい」と思う気持ちは誰もが同じですが、理想を追求すれば保険料も大きくなってしまうもの。一方で、生命保険にあまり大きな予算を出せないなどの懐事情もあります。お客様は理想と現実の間で葛藤しているものです。

とはいえ、お客様をお守りできてこその生命保険。

お客様の意見を優先できるところと、お客様のために譲ってはいけない（理解してもらわなければいけない）ところがあるのです。プロだから気づけるリスクもあります。それを納得いただけるように伝えることは、無理な売り込みではありません。

たとえば、生命保険でできることに貯蓄がありますが、それはひとつの機能に過ぎません。保険が持つ本来の目的は、「万が一の保障」です。

万が一は本当に起きるかもしれないのです。私たちだけは、決してそのことを忘れてはいけません。「その時」に、後悔するようなプランであってはならないのです。

プロとして、納得できなければ、ときには売らない勇気も必要です。

売れるコツ 01

たたき台をお見せして、短時間で売る

基本的には、アポとりの電話で多くを語ることは避けますが、プライベートや仕事でとても忙しい方など、お客様によっては面談に何時間も使うのは嫌だと思われる方もいらっしゃいます。そんなときは、電話でアポをとるときに、

「○○さんから紹介を受けました井上健哉と申します。せっかくのお休みの日を保険の話に長時間いただくというわけにはいかないでしょうから、いまざっとリクエストを聞いていいですか」

というように、**電話で要望を聞いてしまうこともあります。**極端に言うと、「毎月1万円台でいいですか？」と予算まで聞いてしまう。

ここで「1万円台」と幅をもたせた表現にするのがポイントです。1万9999円でもいいわけですから。そうやっておよそのたたき台を持っていき、「1万円台ならこれぐらいのものが買える」と初訪でご覧いただくこともあります。

「お客様のご年齢なら、ご希望の予算で組み立てると、保障性でいちばん安いのがこれ。

いちばんお金が貯まるのがこれ。どちらか一方という買い方もできるし、これが半分、これが半分という買い方もできます」

というアプローチは、**実はもうプレゼンです。**

かつての私は、1回の契約までに約20時間かけることもありました。その場合、アプローチだけでも4時間くらいかかります。それだけ長いと、やはり途中で疲れてくるお客様もいらっしゃいました。長時間かけてすべて聞いてから一発勝負でプレゼンするよりも、さっと希望を聞いてドラフト案をつくり、それをもとにお客様と一緒に修正していったほうがいい場合もあります。「一発勝負」だけがプレゼンではありません。**大切なのは、商談の時間数ではなく、お客様の納得感です。**

売れるコツ 02

否定的な表現を排除する

私は商談の際、「否定的表現を排除する」ことをポリシーにしています。

保険の話は、ただでさえ暗くなりがちです。そこへ「困る」「生きていけない」「損」「ダメ」といったネガティブな言葉を使っていると、お客様はだんだん後ろ向きな気分になります。保険といえども、お客様に楽しい気分でお買い物をしてほしいもの。そこで否定語を徹底的に肯定的な表現に言い換えることを習慣にしました。

「嫌い」は「好きではない」。
「掛け捨て」は「加入期間の保障代」。
「解約」は「自分で満期にする」。

このように変換したほうが、お客様は絶対に気分がいい。会うと明るい気分になれる人のほうが、好かれるに決まっています。

売れるコツ 03

打率よりも「打席数」を重視する

保険営業がコンスタントに契約数を上げるには、野球でいえばまず打席に立つことが重要です。打席とは、もちろん商談のこと。

お客様と話をする間隔が1週間以上空いてしまうと、やはり勘が鈍る。私がセミナーで話をするときも、1週間も間隔が空いたら、もう口が動きません。若い人でも入院などで、たとえ1週間でもベッドで寝て過ごすと、脚の筋肉が衰えるといいます。それと同じで、**「営業筋」も常に動かしておかないといけません。**小さなアポでも何でもいいので、3日以上あいだを空けず、コンスタントに必ず人に会って保険の話をすることです。

「この1週間は保険の設計に専念するんだ」とか、「私は冬が苦手だから」などと言って事務所にこもってしまうと、次にアポをとるのが億劫になってしまう。すると、人に会うのが急に怖くなってしまう。これは私が実際に経験したことです。

自転車が1回止まると、漕ぎ出しが苦しいのと同じで、ゆっくりでも動き続けていれば楽です。ですから保険の話でなくても、常にお客様に会い続けるというリズムだけは崩さないことが大事です。**経験は年数で積むものではありません。数で積むものです。**

いくら4割バッターでも、1回も打席に立たなければ打率はゼロなのですから。

これから生保業界で長く活躍し続けるためには、まずはある程度打席数を確保すること。そのためには新規のお客様を確保することが必要ですが、その方法については、第5章の

「マーケティング」に詳述しました。

売れるコツ 04

モチベーションが下がらない生活を送る

「打席」に立ち続けるために必要なのは、モチベーションを下げないことです。

よく「どうしたらモチベーションが上がりますか」という質問をいただきますが、上げるのではなく下がらないことを心がけましょう。うまくいかないことが続いて、「自分はもうダメだ」と思うと、「きっと誰も話を聞いてくれないだろうな、アポをとるのはやめよう」という負のスパイラルに入ってしまう。

モチベーションを下げないためには、**明らかに見込みのない人は追いかけないこと。**売れなかったら次に行けばいい。長く働き続けるには、それぐらいの楽観さも必要です。

成功するのは仕事に対する「信念」がしっかりしている人たちです。そういった**「土台」がしっかりしている人たちが、モチベーションを高く維持できると、売れ始める**のです。

売れるコツ 05

営業にも「ビギナーズラック」はある

営業という職業に就いたばかりで、「紹介」の機会がそれほど多くない人。あるいは、たまに紹介はもらえるけれど、「この人はすごいのよ」というような口添えがない営業パーソンは、どうすればいいのでしょうか。

このように新人やまだ基盤のできていない人が営業をするときに大事なのは、**「弱さを武器にすること」**だと思います。

無理に知識が豊富なふりをするよりも、「勉強させてください」と素直にビギナーであることを前面に出すほうがいい。ただし、誠実であるということだけは、言葉に出してお客様に誓うことです。かつての私は、こんなふうに素直に言い続けました。

「私は、まだ29歳ですから人生の酸いも甘いもわかっていませんし、子どもを持ったらどんなふうに生活が変わるかということもわからない。親を見送った経験もない。ただこの3カ月間、保険のことは徹底的に勉強しました。だから保険の正しい買い方はこうあるべきだなとか、こういう保険の買い方はよろしくないなということは、もう全部わかります。ただ例外的なケースに関する質問は持ち帰らないとわからないかもしれません。でも一生懸命伝えたいと思いますから、ぜひ時間をください」

…………

すると、「よし、わかった」と言っていただけました。

どんな人にでも新人のときがあります。それを武器に使えばいいでしょう。

売れるコツ 06

契約をいただいたら本気で喜ぶ

クロージングをして、お客様に「じゃあ、これにします」と言ってもらうことができたとしましょう。私はそんなとき、満面の笑顔で喜びを表現することにしています。

「本当ですか、嬉しい！　ありがとうございます」

私が喜ぶことでお客様は、「人の役に立った」という喜びが味わえるからです。

契約をもらっても喜びを出さない人は意外と多いのですが、隠さずにきちんと喜びを表現することは素敵なことではないでしょうか。営業パーソンにとって、たくさんいらっしゃるお客様の一人……ですが、**お客様から見ると「たった一人の担当者」です。**

売れるコツ 07

靴だけはいつもピカピカに

営業パーソンが身だしなみに気を配るのは当然のことですが、毎日のことだけに、慣れてくると少しずつ手を抜くようになっていきます。あなたは大丈夫でしょうか。

「この人なら1時間くらい話を聞いてもいい」と思ってもらえるかどうかは、「第一印象」が勝負です。

見た目で得をしなくても、わざわざ損をする必要はありません。特別上等なものを身につけなくてもよいでしょう。

ただ、あまりにも古いもの、傷んでいるもの、不衛生なものは避けて、こざっぱりした身なりを心がけてください。あとは常識の範囲内で構わないと思います。

ただし、例外は靴です。靴だけは人並み以上に気を使ってください。私たちは靴を脱いでお宅に上がることが多いので、脱いだ靴は特に目につきます。

ホテルマンは、やってきたお客様がどういう人間かを判断するのに、顔ではなくまず靴を見るといいます。服装が立派でも、靴が汚れていたら一流ではないそうですが、確かにそれは言い得て妙だと思います。靴の汚れだけは、細心の注意を払ったほうがいいでしょう。

通常、靴を本格的に靴墨で磨くのは1週間に1度くらい、マメな人でも朝出がけにツヤ出しでさっと磨くくらいだと思いますが、私は1日に何度も磨きます。もっとも本格的に靴磨きクリームを塗り込むわけではなく、クリームを染み込ませてあるスポンジを常に持ち歩いていて、**お客様のところへ行く前にサッと磨くだけ**です。雨の日は道中で汚れるので、**玄関を開ける直前にもう一度磨く。**

売れている人は必ずピカピカの靴を履いています。例外はありません。

女性はヒールの高すぎないパンプスがいいでしょう。色は黒。重要なのは、訪問する直前にもう一回磨くことです。ちなみに私は、靴べらを携帯しています。それで、帰り際もスマートにさっと履くことができます。

売れるコツ 08

高いものを売る人は、ゆっくり動く

高級ホテルのホテルマン、あるいはヨーロッパのラグジュアリーブランドの販売員を思い浮かべてみてください。彼らはどんなに急いでいるときも、走ったりしません。ゆっくりと歩き、手を動かします。

ゆっくり動くと動作がていねいに映ります。 高いものを売る人はゆっくり動くのです。それでは私たちの売っている保険はどうでしょう。月々の支払いは数千～数万円でも、10年、20年となるとブランド品以上の高額商品になるはずです。ということは、私たちも、ゆっくりした所作を心がけるべきです。バタバタした動きは、落ち着きがない印象を与えます。

もっとも、常にゆっくりでもいけない。この人は仕事が早いと思ってほしいときは、テキパキ動いたほうがいい。**プレゼンで電卓を使うシーンでは、電卓をほとんど見ずに一気に計算する。**「この人、実際はこんなにスピーディーなんだ。でも話し方はゆっくりだな」というギャップが、好印象につながるのです。

買ってくれそうなサインを見抜く

お客様をよく見ていれば、「買う・買わない」の感触はわかるものです。

たとえば**買ってくれそうなサインは、質問が増えること。**

「これ、60歳で払い込みが終わるって言われましたけど、もし55歳でやめてしまったらどうなるんですか？」

「いま入っている保険、5年も保険料を払ってきたのに、もったいないんですか？」あるいは、「あとで保障額を増やせるんですか？」「途中で支払いを減らせるんですか？」というような、買うことを前提とした質問は、関心があるというはっきりしたサインです。

ほかには、電卓を使い始めるのも見込みがあるサインです。

「結局、全部足したらいくらになるの？」「ちょっと計算してみようか」と小声で夫婦の相談が始まったりする。これはかなり乗り気になっているということですから、その勢いを削ぐことなく、そのまま話を進めてください。

そのサインを見落とさないためにも、**自分の話よりもお客様の言動を注意深く観察する**

ことです。

売れるコツ 10

保険は見直しても、保障額は下げない

私たちが、実際に保険の見直し相談を受けるとき、往々にしてお客様から「いまの月々の保険料を減らしたい」「そんなに大きな保険はいらないのでは?」と言われることがあります。

そこで私たちも、「それほど大きな保障にしなくてもいいのではないか。人間はそう簡単に死なないだろう。保障を下げることで、毎月の負担も下げよう」と考えるわけです。

しかし保険営業に長く従事していると、重い病気になられる方、あるいは亡くなられる方が出てきます。当たり前ですが、営業パーソンとしてのキャリアが長くなればなるほど、その確率は高くなります。

私が保険営業歴の浅い方々に伝えたいのは、むやみに保障額を下げてはいけないという

ことです。

はじめからお客様の数、分母が1000人も2000人もいるわけではないので、初めの1年間にそうそう入院給付金や生命保険金をお支払いするという経験をしません。ところが3年も超えてお客様の数が多くなれば、給付の経験が確実に増えていきます。

私も最初はわかりませんでしたが、いまになって気づいたのは、やはり不測の事態ということは起こるのだ、ということです。

いまでも忘れられない経験があります。私の保険に変えなければ病気になったとき100万円出たのに、私の保険に切り替えてもらったことで80万円になったお客様がいらっしゃったのです。そのお客様からこう言われました。

「あのとき、保険を変えていなければ……」

以来、お客様から言われても、そうそうは軽々しく保障額を下げないと決めました。それでも保障額を下げるときは、よほど納得できないと下げてはいけないと思います。

これは私たち保険営業の存在意義にもかかわってくる問題です。普段の営業活動では、

「貯金ですから」といって貯蓄性の高い商品を売るほうが売りやすい。しかし、これは多くの人が陥るトラップです。保険営業は、保障を売るのが本業です。つまり、貯蓄性が高くなり保障も売れるのが本当のプロです。

しかし保障性タイプの死亡保障を売ろうと思うと、「亡くなる確率は10万分の1でしかありませんが、それに備えるのが保険です」と言わなければならない。**この10万分の1の確率に、どのぐらいリアリティーを持たせられるか。**その10万分の1が起こったときに、どれだけのロスが生じるかを理解していただかないといけません。

だからといってあまりにも脅したり、お涙ちょうだいの話を重ねすぎると、お客様はげんなりして購買意欲自体が衰えてしまいます。ですからどうやってバランスをとるかが非常に難しいところです。

「けんや塾」に来てくださっている方のなかには、保障を下げたいというお客様に対し、「〝いままでの保障は5000万円だけれど、これが4000万円に下がることに納得しました〟と一筆書いてください」

と言って、書いてもらうまでは絶対に保障を下げないという人がいます。プロだなあと思います。

保険というのは、本来はそれぐらいしなければいけない商品です。大切な家族を守るためのものなのですから。**見直しで保障額を下げるときは本気で責任を持たねばならない。**

保険を売るということは、責任が重いものだということを自覚していただきたいと思います。

第1章 アプローチ

アプローチで、お客様の警戒心を解く

あなたは初対面のお客様と商談する際、テーブルの上に何を置きますか？

商品パンフレット？　それともお客様が出してこられた加入中の保険証券の控えでしょうか？　あるいは電卓やタブレット、パソコンを置く人も多いかもしれません。

実は**私は、テーブルの上には両手以外、一切何も置きません。**なぜ何も出さないのかというと、私たち営業パーソンがお会いして早々にパンフレットやパソコンを広げることは、お客様の目に「さぁ売りますよ」という戦闘開始のサインのように映るからです。

「まえがき」でも触れましたが、お客様は保険営業を名乗るよく知らない人間を前にして、警戒しています。特に「高い商品をしつこく勧められたら面倒だ」という不安を抱えています。つまり「安全」が脅かされているのですから、まず私たち営業パーソンがお会いして真っ先にすべきことは、お客様の安全性の確保なのです。

アプローチですること

- 手みやげを渡す（アイスブレイク）
- 「強引なセールスはしない」と宣言する
- 次回のプレゼンアポをとる
- 「義理チェック」「健康チェック」をする

具体的には、お客様に「決して強引なセールスはしません」と誓うこと。しかし目の前に商売道具を広げながら誓っても、説得力がありません。だから私は初訪の際、ほぼ丸腰。いわゆる**「武装解除」で臨む**わけです。ところが多くの営業パーソンは、お客様の警戒心を解く前に、保険を勧めて買ってもらおうとします。だから売れないのです。

一般的なアプローチとは、「商品に興味を持ってもらうこと」ですが、**私にとってアプローチとは、「お客様の安全性を確保すること」にほかなりません。**レストランにたとえれば、お客様の入りやすい店構えにすることです。

それでは、アプローチでやるべきことを解説しましょう。

手みやげを渡す（アイスブレイク）

手みやげの話題で凍った空気を温める

さあ、いよいよお客様の家に到着しました。身だしなみは大丈夫でしょうか？

私はお客様の家に行くときは、必ずお菓子などの「手みやげ」を持っていきます。

手みやげを渡すことで、初対面特有の凍った空気をなんとか温めようというのが狙いです。

モノをもらってイヤな人はいませんから、ほとんどのお客様は「あらあら、すみません」と笑顔になり、そこから会話が生まれます。

手みやげといっても、高価なものではありません。たいてい1000円程度のお菓子です。最近は「並ばないと買えない」ぐらい人気のお菓子があるもの。そういった情報をインターネットなどで仕入れて、手みやげとして渡すと非常に喜ばれます。

「これ、どうしたの？　どうやって手に入れたの？」

「朝から並んだんです。1時間並びましたから、せめて30分は話を聞いてください」

「しかたがないわね（笑）」


というように、手みやげの話題で、お互い初対面の緊張がほぐれる。

手みやげを食べながら話しましょう、という流れになったときは、飲食店などで出てくる個別包装の**「おてふき」**を出すと、「ずいぶん気が利くんですね」とウケます（そこまでする人はいないからでしょう）。

食べ終わったら、カバンから同じお菓子をもう一箱出して、「こちらは未開封ですから、みなさまでどうぞ」と渡すこともあります。

つまり、「ここまでやるの？」と笑ってしまうほどの**サプライズを次々に繰り出すことで場も和むし、「なんだか面白い人」と私の株も上がる**というわけです。

さらに言えば、人間は同じものを一緒に食べると早く仲良くなれる。ですからなるべく手みやげには食べ物を持っていくのがベストです。

このようにお客様にモノをさしあげることについては、賛否両論があるかもしれません。昔からよく、「生保の営業はGNP（義理・人情・プレゼント）だ」と揶揄されています。つまり保険に詳しくない営業が、それをカバーしようとGNPを武器に売る、というネガティブな意味です。

売れている営業パーソンにも、「プレゼントなどに頼るのは恥だ」と考える人もいるようですが、その点、私はどんどんプレゼントをします。高価なものではないけれど、必ず地域限定のものや、並ばないと買えない流行りものなどにします。

初対面特有の嫌な緊張が解きほぐれるのなら、これは誰もが採り入れてもいい方法ではないでしょうか。大切なことなので繰り返しますが、**アプローチの主な目的は「アイスブレイク（空気づくり）」なのです。**

天気の話をせずに、いきなり保険の話に入る

手みやげを渡してアイスブレイクをしたあとは、いつもすぐに保険の話に移ることにしています。

世間話や時候の挨拶をまったく挟まないのは、営業の世界では非常識なことかもしれま

せん。しかし私にとっては、「なんだかいつまでも暑いですね」といったお天気の話や世間話などから保険の話に戻すほうが苦しい。保険の話になった瞬間、お客様が「出たぁ」と身構えてしまうからです。それならいっそ、**いきなり保険の話から入るほうが、商談をリードする「プロ」に見えるので**有効だと考えています。

そのときは、こんなふうに切り出します。

「早速ですけど始めますか」

「あとの予定もおありになるでしょう。今日は、60分という約束でお時間をいただいていますから、早速に本題の話に入らせていただいたほうがいいと思うのですが、よろしいですか」

と言って、空気を変えるといいでしょう。**手紙でいう「前略」**です。さっさと保険の話に入ることで、「この人は保険のプロだ」という印象をお客様に与えます。

「強引なセールスはしない」と選手宣誓する

初対面のお客様は不安を抱えている

手みやげを渡し、その場の空気を温めたのちは、「まえがき」で述べたような自分の保険に関する考え方をお話しします。**「過剰な保険は売りません。保険太りは必要ない」という内容のトークでした**ね。

初対面の人にはこれらのことを、ほぼ必ずお伝えします。

するとお客様は、「何かいらないものを売りつけられるのではないか」という不安が消えて、柔和な表情に変わります。そして、そのあとの説明がすーっと頭に入っていく。人間にとって「安全性の確保」とはそれくらい最優先されるものなのです。

私は、この話に続けて**「保険の目的は、経済的な現状維持である」**という話も初対面のお客様によくお伝えします。

生命保険で解決できるのは、あくまでも経済的な現状維持だけです。大切な家族を失った心の穴を、保険で埋めることはできませんから、いくら保険をかけていても、精神的な現状維持はできません。

家族が亡くなると、「精神的な不安」と「経済的な不安」を抱えてしまいますが、**残された家族にとって、少なくとも「経済的な不安」だけでも払拭する必要性があるでしょう。**

逆に保険で解決できるのはそこしかありません――という話です（詳しくは巻末230ページ）。これは、この国に住んでいる人であれば、ほぼ共有できる価値観だと思うので、共感してくださることが多い。こんなふうにして安心感を持ってもらい、心をつかんだところから、商談は始まります。

「つかみ」というと、「笑わせなければいけないのかな」と思うかもしれませんが、笑わせるというよりは、**場を和ませること、まず安心していただいて、強引に売り込みませんと伝えること**です。ですから、「私はジョークとか苦手なんだけど」という読者の方でも、誰でもできます。こういったトークは、様々あります。巻末にまとめていますので、自分なりにアレンジなさってください。

次回のプレゼンアポは、初訪の「つかみ」直後にとる

スベったあとでは、次回アポはとりにくい

お客様の警戒心を「つかみ」で解きほぐしたあとは、その流れで「次回のプレゼンアポ」を本題に入る前にとってしまいます。

面談は2回（別日）に分けて、次回の面談でプレゼンします。私は、こういう進め方の了解を初訪の冒頭でいただくようにしています。なぜなら、もし「本題」でスベってしまうと、帰り際に次回アポは切り出しにくいからです。これは、私のセールスの特徴でしょう。

そのときは、こんなふうにお話しします。

私「〇〇様、今日は、私とのご縁をつないでくださった、ご紹介者の〇〇様とのお約束通り、パンフレットや設計書などはご用意せずに寄せていただきました。

まずは、私の人となりや保険の考え方を聞いていただいて、合格通知をもらえれば、

次回、プランをご覧いただきたいと思います」

お客様「なるほど、よくわかりました。あなたは無理強いする人じゃなさそうだから、安心です。どんなプランが組めるのか楽しみですよ」

文字通り、丸腰で初訪し、お客様の安全確保がしっかりできたあとなら、2回目のアポをとるのは容易なはずです。

「義理チェック」「健康チェック」をする

定番の「断り文句」を真っ先に確認する

私たちがお客様から断られるときの、定番のフレーズがあります。

それが「ごめんなさい。いま入っている保険はお世話になった人に勧められた保険だから、やめられないの」というような、いわゆる「義理がある」というお断りです。

プレゼンテーションがすべて終わったあとで、これを言われると本当にがっかりします。

それを回避するために私は、お客様に「義理」があるかどうかを最初に聞くようにしています。極端な場合は、**「初めまして。ところでもし保険を変える場合、義理は大丈夫ですか」**というくらい、会ってすぐに確認します。そこでもし「義理がある」と言われたら、こう食い下がります。

「義理があるなら、今回、保険の話はやめましょう。私が言うのもおかしいですが、保険を見直すことも大事かもしれませんが、人間関係を大切にするということも大事ですから。それに私の話を聞いてしまって、もしもいまの保険がお客様のイメージにそぐわないところが見つかっても、義理があって変えられなければ、来月からお金を払うのが辛くなってしまいますからね」

そう言われると**知らずにいられなくなるのが人間というもの。**お客様のほうから、「いや、義理が家族を守ってくれるわけじゃないから。**保険の話を詳しく聞かせて**」と言ってくださいます。あるいは義理があるとおっしゃるお客様には、次のように確認します。

「ひとつだけ聞きたいのですが、具体的にはどんな義理でしょう。たとえば〝小学3年生のときに川で溺れかけたのを飛び込んで助けてくれた命の恩人〟とかなら、これは本当に大事な義理です。どんな保険でも続けるべきでしょう。その人がいなかったら、逆に保険金をもらっているところですから（少し笑いながら）」

「そんな義理じゃないの。子どもが小学生のとき、私がPTA副会長、その人が会長だったのよ」

「えっ？　それは、いまだに義理立てしなければならないほどの関係ですか？」

「よく考えたら、そうね」（大した義理ではないことを自分で気づかれるお客様）

「なんとなく付き合いだからしかたないと思っていたけれど、もう何年も会っていないわ」

「何年間もその保険に入ってきたのなら、もう十分すぎるくらい義理は果たされたと思いますが、いかがですか」

「そうね、もう義理は果たしたわね」

「ですよね。それなら、チェンジもあるかもで話を進めましょうよ」


と言うと、**もうクロージングが終わっています。**

クロージングは最初に済ませておく。これも私の営業哲学です。

細かな商談に入る前に、義理の有無を確認する。一度実践してみてください。

「健康チェック」も先に済ませておく

「義理チェック」と同じように、最初に確認しておいたほうがいいのが「健康チェック」です。なぜならお客様がどんなに加入を望まれても、健康に問題があれば、こちらからお断りしなければならないからです。

保険に加入する際の健康の基準は、お客様が思うより厳しいことが多いのですが、お客様のなかには、「この程度なら大したことはない」と誤解している方もいらっしゃいます。

やっとの思いでアポをとったお客様と面談にこぎつけ、何回も内容を説明し、ようやくお客様の気持ちが固まった最後の最後に、「私、糖尿の気《け》があるのよ」と告白されたら、いままでの努力が水の泡になります。こういった経験を私は何度もしました。

そこであるとき思わず、「お客様すみません。そういうことは最初に言ってもらえますか」と言ったら、「井上さん、それだったら最初に尋ねてくださいよ」とおっしゃいました。

これはお客様のほうが正しい。なぜなら、どれくらいの健康状態なら保険に入れて、どれくらいなら入れないかを詳しく知っているのは、私たちプロのほうなのですから。

契約が成立せずにがっかりするのは、お客様も同じです。必要な保障が得られないし、いままで費やした時間が無駄だったということになってしまいます。

それなのに多くの営業パーソンが、プレゼンもすべて終わり、いざ加入手続きというときにこの質問をします。それは健康状態のような個人的なことを、まだ加入するかどうかわからないタイミングで聞くのは気がひける、と思っているからでしょう。

しかし、私はあえて、最初に健康状態を聞くようにしています。


「大変失礼ですけど、健康診断、全部ＯＫですか？　『要経過観察』などでもご加入が厳しい場合が多いので」

「そうなんですか？」

「そうなんですよ。保険っていうのは、〝確率論〟で判断しますから。たとえばコレステロール値が高めの人と普通の人だったら、どちらのほうが血管が固まりやすいですか？　高めの人のほうが確実に固まりやすいですよね。そうやって危険を排除しようという論理で加入希望者を査定します。要するに統計上の医学なんです」

あるいは、

「たとえば『胃にピロリ菌がいる可能性があるから、再検査に行ってください』と健康診断で言われても、それを告知しなければ保険には入れるでしょう。でもそのあと実際に胃が悪くなって入院なさったとしますね。それで給付金を請求されても、それを告知していないと保険が下りなくなるんです。それまでせっかく払った保険料がムダになりますよ」

というふうに説明すれば、お客様も納得してくださいます。

なぜ健康チェックをすると主導権が握れるのか

もうひとつ、健康チェックを最初にしたほうがいい理由があります。それは、「保険って、入りたくても入れないこともあるんだ」という当たり前のことに、お客様が商談のはじめの段階で気がつかれるからです。

それまでお客様は、「入るかどうかは自分が決める。営業に売り込まれる筋合いはない」と考えています。しかし、実は「入りたくても入れないこともある」と気づくと、立場が面白いように逆転するのです。

「井上さん、ちょっと内緒だけど、わりと家系的に血圧が高めでさ。上が150だったら入れるの？」

「あ、それは難しいかもしれません」

こうなると、「どうやって断ろう」と思っていたお客様が、「どうやったら入れるの？　教えて教えて」という態度に変わる。つまりこちらが主導権を握れるのです。

聞きにくいことを聞く方法

とはいえ、健康状態のようなプライバシーに関することは、なかなか聞きづらいと思います。しかし確認するのは早ければ早いほどいいのです。私は「はじめまして」の挨拶の直後くらいに、すぐ切り出すようにしています。そんなときは、ユーモアを交えてこんなふうに聞きます。

「ちょっとこんな話、失礼なんですけど、あの……お元気ですか？」

お客様は、「えっ？」と言って、キョトンとされます。

「げ、元気ですけど」

「いや、もちろんお元気ですけど、たとえば健康診断で何か指摘されたりとかはありませんか？　私は〝これ〟なので（ベルトの上の肉をつまんで見せながら）、コレステロールが高いって言われるんですよ。気をつけないといけないって、自分でもわかってるんですけどね」

こんなふうに、すまなさそうに言います。

するとお客様は、ピンときてくださる。

「保険って、先月、夜眠りにくくてお医者さんにかかったっていうだけで、お引き受けできないかもっていうぐらい厳しいところがありまして。ですから心苦しいんですけど、いわゆる健康診断でバッチリなのかどうか、最初に聞いておかないとご迷惑をおかけすることがあるんです。初対面でこんなことお聞きして、すみません」

と言って、できる限り恐縮しながら、おそるおそる尋ねる。すると、なかには健康診断の結果を出してきて、「見てくれる？」というお客様もいらっしゃいます。

そうなればもはや、「今日は暑いですね」というような世間話は不要。早くも**「保険に入るか入らないか」という本題に入っているというわけです。**

お客様の健康チェックを早々に行うのは勇気が必要ですが、このような利点もあります。

お客様の入っている保険を否定しない

売れる人は、必ず「中立」に話す

私たちの業界で、アプローチのときによく使われるトークがあります。それは「いま入っている保険証券を見せてください」というもの。

もちろん保険証券は個人情報ですから、取り扱いには十分注意して拝見します。私たちはそれを分析したのち、1週間後くらいにお会いするというのが常套《じょうとう》手段になっています。

しかしこれは、2つの理由でお勧めしません。

ひとつ目は、お客様がいま入っている保険を否定することになるから。

お客様の入っている保険が非のうちどころのない、素晴らしい保険であれば、われわれ保険営業の出る幕はありませんが、保険は日々新商品が生まれていますから、お客様がいま加入されている保険より、新しい保険のほうが魅力的な場合も多いのです。ですから、保険を提案するためには、重箱の隅をつついてでもお客様のいまの保険の弱点を見つけなければならないことになります。

自分の入っている保険を否定されることは、お客様にとって不愉快なことです。この心理に気づかない営業パーソンがあまりにも多い。売れない営業の共通点は、お客様が加入している保険をけなし、

「○○さん、そんな保険ダメですよ。いまはもっといい保険ができているんですよ。ほら、ここがああで、そこがこうで……」

と論破してしまうことです。

するとお客様はいくらそれが正論であったとしても、内心、「なんで昨日今日会った人にここまで言われなきゃいけないの?」とバカにされたような気になります。

だからそれ以上話を聞いてもらえなくなるのです。

お客様の保険に関する予備知識はいらない

証券を見せてもらわないほうがいい理由の2つ目は、お会いしてすぐに証券を見せても

らうと、おのずと話題がそれに集約されてしまうからです。

すでに述べたように、私はアプローチでお客様の「安全性を確保」することを極めて重視しています。

そのためにまずは自分の保険に対する考え方を話すのですが、会うなり証券を広げてお客様の入っている保険の話から始めると、お客様の興味はそちらに向いてしまい、私という人間に興味を持ってもらえません。

したがって私は初回の訪問時、特に最初の5～10分は机の上に何も出しません。**お客様がどんな保険に入っているかという予備知識ゼロの状態で、自分の保険に対する考え方を伝えます。**予備知識ゼロですから、実際は、私のいいと思う保険と、お客様のいま入っている保険が違ったとしても、私はまだその事実を知らないわけですから、比較論にはなりようがありません。

私の面談の場合、アプローチやヒアリングを経るうちに、お客様は自分で、「いま入っている保険はあまりよくないのかもしれない」と気づきはじめます。そうしたら、

「いま入っている保険はどうなのかしら？　井上さん、見てくれる？」

とお客様から言ってこられるでしょう。そのときは淡々と事実を述べればいいのです。

スベる営業はこう尋ねられると、「こんなの損ですよ」「よくないですね」と否定的なコメントをしてしまいますが、自分の保険がいいとか悪いとか判断できるのはご本人だけ。

プロは、客観的事実を伝えるだけ。お客様の保険を批判していては、心はつかめません。

売れるコツ 11

朝一の初回面談は避ける

営業の第一歩はお客様にお会いすることですが、あまりにも冷たくされたり、きついことを言われたりすると、心が折れてしまいます。そうなると精神的なダメージが大きく、次のアポに影響しかねません。

ですから、**新規のお客様との初回面談なら、夕方以降の時間帯がいいでしょう。**もし午前中の面談で心がくじけてしまうと、「今日はダメだ。ついてない」と丸1日を棒に振ってしまうことがあるからです。電話でアポをとるのも、午後、もしくは夕方がお勧めです。

売れるコツ 12

アポの日程は自分から提案する

アポとりは、何度も失敗が重なったりすると、だんだん心が折れそうになります。そこで少しでも効率よくアポがとれるよう、私のやり方をご紹介しましょう。

まず、お客様に面談の日程を決めてもらうことはあまりありません。

「大変恐縮なんですが、私の予定を先に申し上げさせていただきますと、○月○日の午後と○月×日の午前が空いています。このどちらかではいかがですか？」

・・・・・・・

というように、**私のほうから具体的な日時を提案します。** なぜなら、お客様に日時を決めてもらおうとしても、なかなか決まらないことが多いからです。

お客様は「保険営業に会うのは面倒だ」と思いがちです。よって、会うにしても、なるべく自分の生活に影響のない時間帯を選ぼうとして長考に入ってしまうのです。

ところが**面白いことに人間は、「AとB、どちらがいいですか？」と二者択一で聞かれると、反射的にそのどちらかを答えてしまう。** ですから自分から候補を提示して、選んでもらうといいのです。

アポの日付は、たいてい2週間くらいは先にします。

遠い日付のアポは、お客様が断りにくくなります。 たとえば半年も先なのに、「その日は予定が入っていて」というのはいかにも白々しいからです。

売れるコツ 13

お会いするまでは、保険の話を一切封印する

アポとりの電話で、もうひとつ大切なことは、あくまでも電話では、日時を決めるだけに留めておくことです。

お客様のなかには、アポとりの電話の最中に、自分の入っている保険への不満や、ほしい保障について話し始める気の早い方もいます。しかしここで聞かれるままに答えていくと、アポが流れたり、当日お客様が身を入れて聞いてくれなかったりします。「電話で聞いたからもういいや」と興味を失ってしまうのです。

ですから電話で具体的な話が始まりそうなときは、次のように言うといいでしょう。

「○○様、そのお話をするために、お会いする時間をいただこうと思っているんです。お電話で間違ったふうに伝わってもいけませんから、ちゃんとお目にかかって、紙に書

いてご説明します。数日のことですからお待ちください」

電話の目的はあくまで日時を決めることだけ。保険の話は、お客様とお会いしてからにしましょう。

売れるコツ 14

アポをとるときは、時間を区切る

お客様とアポをとるとき、始まりの時間を決める人はいても、終わりの時間まで決める人は少ないのではないでしょうか。

私はアポをとるとき、必ず「何時から何時までの何時間お願いします」と終わりの時間を明言します。そうすればお客様は次の予定を立てられるからです。

そして、話を始めるときに腕時計を外して目の前に置きます。これは「常に時間を管理していますよ」というメッセージでもあります。

私の初訪問の時間はだいたい90分です。でも自分からお客様にお願いするのは基本、60分で、必要があればプラス30分延ばせますよというアポの取り方をします。

当日、予定の60分が経てば、「一応ここで予定のお時間が来ました。ひととおりのお話はお伝えできましたが、もう30分ＯＫなら○○のこともお伝えしたいと思いますが……」と言うと、たいてい90分になります。

2回目のアポがとれない人は、1回目に断りなく長居をしすぎた人です。1回目のアポは60分で、30分延ばしたとしても、終わりを5分早く切り上げると、2回目のアポは格段にとりやすくなります。

売れるコツ 15

電話帳には、ご家族全員の名前を入れる

私はお客様の名前と電話番号をスマートフォンに登録するとき、ご家族全員の名前を登録するようにしています。たとえば、「山田太郎、花子、次郎」という具合です。

そしてお客様から電話がかかってきたら、表示されるご家族の名前を頭に入れてから応

答します。

「ああ、太郎さん。お元気ですか。花子さんもお変わりなく？　次郎くんは来月から小学校ですか？」

・・・・・・・

というように、ご家族全員の名前を言うのです。するとお客様は、「自分の家族の名前まで覚えていてくれた」とちょっといい気分になってくださる。この**「ちょっといい気分」の積み重ねが大きな効果になる**のです。

売れるコツ 16

ファーストネームで呼ぶ許可をとる

私は既婚（ファミリー）のお客様とお会いするときは、**できるだけご夫婦揃った状態でお会いすることにしています。**なぜなら保険のように大きな買い物は、ご夫婦のどちらかが独断で買うわけにはいきません。独立採算制でもない限り、必ずパートナーの承諾が必要になるのですから、最初からお二人に向けて説明したほうが、成約率は格段に上がるのです。

そのとき心がけているのが、会ってすぐに、「ファーストネームで呼ばせていただいていいですか？」と提案することです。

なぜなら保険の話は、「もしご主人に万が一のことがあったら、奥様は……」「お子様は……」というように、登場人物が多い。苗字は、家族全員同じですから、混乱してしまう。

そこで、

「ご主人様は太郎様と、奥様は花子様とお呼びしていいですか」

というように、ファーストネームで呼ばせていただく「許可」をとります。

そして「まず太郎様の話からいきますね」と呼び始めます。

普段、私たちは知り合って間もない人をファーストネームで呼ぶことは少ないですから、これは**相手との距離を一気に縮める効果があります。**つまりファーストネームで呼ぶことで速やかに、相手の懐に入れるのです。

途中から「太郎様」と呼び変えるのはお互いに気恥ずかしいので、面談の始めから、ファーストネームでお呼びするといいでしょう。

家族や親しい人以外がファーストネームで呼ぶのは無礼だと感じる方もいらっしゃるので、「許可」は事前にとるほうが望ましいと思います。

売れるコツ 17

珍しいおみやげで話題を提供する

旅行に行ったときは、誰でも使える日常品など、もらった人が負担に思わないものをおみやげに買ってくるといいでしょう。

たとえば私がフランス旅行で買ってきたのは、普段使いできるパリ・オペラ座限定、BICの4色ボールペンとトリコロール柄の付箋でした。こういうちょっと語れるおみやげが、話題づくりに最適なのです。

売れるコツ 18

自分の左側にお客様に座っていただく

お客様と会うとき、どこにお客様が座り、どこに自分が座るのがベストか、考えたことはありますか?

私は上座・下座といった席次ではなく、座る位置にこだわります。対面する面接スタイルは緊張感が高まるので、**テーブルの横並びか、L字に座るのがいいでしょう。**

お客様には、自分の左側に座っていただきます。

なぜなら私は右利きなので、お客様が右側に座られると、私の手に遮《さえぎ》られて書いたものが見えなくなってしまいますが、左側なら手暗がりにならず、お客様から見やすくなるからです。

この配置は、クルマの車内座席の位置と同じです。つまり、日本ではクルマの助手席に人を乗せるとき、ドライバーが右側で、左側が助手席です。助手席の人は、ドライバーに命を預けます。保険の説明をするときも、私が「運転席」に座ることで、**私が商談をリー**

ドする格好になる。左に座った人は、「今日はあなたに運転を任せたよ」という状況になるのです。

また、喫茶店やオフィスなど外で話をするときは、お客様の視線が壁に向くよう座ってもらいます。壁しか見えないと、こちらの話に集中してもらえるからです。**最初にどう座るかが勝負です。**あとからは変えられません。

ちょっとしたことですが、効果は大きいでしょう。

売れるコツ 19

こちらから訪問せず、お客様に「来社」してもらう

実は私は、保険の説明をするお客様には、多くの場合、来社してもらっています。これは業界の常識に逆らうことですが、お客様には好評です。

なぜなら人を招く立場からすると、こんなおじさんでも家に入ってもらうには片づける手間が発生するからです。ただでさえ生保の話は面倒なのに、そこに、**部屋を片づけなければいけないというハードルまで加わると、アポがとりにくくなるということに気づいたのです。**

実際にお客様に聞いてみると、「来てもらおうと思っても、片づけるだけで一苦労だし、片づけた端から子どもが散らかすので、来社するほうが楽だ」とおっしゃる方がいらっしゃいます。

そこで私はこのように提案することにしました。

「こちらから出向くのが筋だと思っておりますが、お客様のお声を聞くと、『あなたの

オフィスで話ができたほうが楽だわ』という方も多くいらっしゃいます。いかがいたしましょう？」

するとと、いまでは、7〜8割ぐらいのお客様が私のオフィスへ来られています。

たとえば生命保険会社に勤めている人なら、**会社には応接室や商談ルームがあるはずです。**そちらへおいでいただけますか、と聞いてみればいいのです。

考えてみれば、一昔前は、一般の家にも応接間がありましたが、いまは、玄関からすぐリビングという家が多い。リビングは生活の場なので、他人を上げるのに心理的な抵抗がある人もいる。

お客様に足を運んでいただくのがマナー違反なのではなく、ご自宅に訪問することのほうが迷惑なこともある。

もっとも、人によって考え方や感覚に差がありますので、必ず「どうしましょうか？」と確認してから訪問か来社かを決めるようにしてください。

売れるコツ 20

子どもにも商談に参加してもらう

「売れるコツ19」の続きです。

お客様にご来社いただくとき、お子様がいらっしゃる場合は、できるだけ家族全員で来ていただいています。

「お子様もご一緒にどうぞ。キッズルームというほど立派ではありませんが、お子様が遊んでいただくところは用意してありますし、スタッフを一人つけますので」

私の事務所には床に柔らかいマットを敷き、おもちゃを置いた1畳くらいのスペースがあります。そこで子育て経験のあるスタッフについていてもらう。

そうやって自分の子どもが遊んでいる姿を見ながら、保障のことを考えてもらうのが大事なのです。

「いまの保険じゃ、自分に何かあったとき、この子が困ることになるな」

とイメージが湧くからです。通常、保険金の受取人は奥様なので、もちろん奥様もご一緒に説明を聞いていただきます。

結婚式の主役が花嫁であるように、保険の話の主役は受取人である奥様やお子様です。

多くの保険営業が、生保面談の相手方はお金を毎月払ってくれるご主人様（契約者）だと考えていますが、それは勘違いです。

あくまで、生保の主役は受取人です。受取人不在の生保プランニングはあり得ません。花嫁不在の結婚式があり得ないのと同じことです。

売れるコツ 21

アイスブレイクとして「義理チェック」する

「義理チェック」は早めにすることが大事だという話をしましたが、義理チェック自体がアイスブレイクになることもあります。

たとえばこちらが「招かれざる客」という雰囲気が濃厚で、どうも避けられていると感じるときは、お客様に義理があって、保険を変えることができないというケースがあります。

「義理があって、保険は変えられないんだよ。話を聞いてもどうせ断らなければいけないから聞くのが辛いんだ」

と思っているところへ、

「もしどうしてもという義理がおありだったら、私は帰ります」

とはっきりと言うわけですから、お客様は気が楽になって、その義理の詳しい事情を話してくれる。

「俺の上司の奥様が生保の営業をしていて、その人から入ったから、課長になるためには保険がやめられないんだよ」

もしこんなお話があったなら、**「全面的に解約しなくても、一部だけ変えることもできますよ」ということをお伝えします。**

「出世のためにこの保険が必要なんだということは、〝出世保険〟というものに入っているということですから、それはお止めにならないほうがいいですね。ただ保険は、全部変えなくても、必要に応じて一部変えるということができるんですよ。でもまったく何も触れないならお話ししないほうがいいかもしれませんね。健康診断と一緒で、受診するとよくないところが見つかるかもしれませんから。もし私の話を聞いて、いまの保険に疑問点が見つかったら、気になりますものね」

人間ドックや健康診断に行くと、早期発見、早期治療が可能になります。

「家族を守るための、保険を本気で考えるという判断をされるなら、健康診断だと思って、ぜひ30分話を聞いてください」

と切り込むと「じゃあ聞いてみようかな」とおっしゃる方が多数です。

売れるコツ 22

殺すなら自分を殺す

私たちは保険の話をするとき、「もし◯◯さんが重い病気になったら」とか、「もし◯◯さんが亡くなったら」など、仮定の話をよくします。

がん保険を提案するときなんて、いったい何回相手をがんにするでしょうか。「もし◯◯さんが、がんで大変な思いをすることになったら……」と言われると、がんにされた人は面白くありません。

しかもそれを何度も繰り返されると、相手はだんだん気が滅入ってくる。人によっては「縁起でもない」と腹立たしくなってきます。

たとえ仮定の話であっても極力相手を病気にしたり、ましてや殺したりしないことです。どうしても殺すなら自分を殺せばいい。**不幸な話の主語は全部私（自分）に置き換えてください。**

それで十分、言いたいことは伝わります。

売れるコツ 23
頭は完全武装する

45ページで、保険営業としてキャリアの浅い人は、「弱さを武器にせよ」という話をしました。しかし私は、いくらキャリアが浅かろうが、まだ若くてお客様の人生設計に関してあまり意見が言えなかろうが、保険営業である以上、少なくとも保険という専門分野に関しては、お客様の10倍は知識がなければいけないと思っています。

いわんや、基礎知識は絶対必要です。私は常々、自分が売る商品のパンフレットと約款に書いてあることぐらいは全部頭に入れましょう、と口を酸っぱくして言っています。

私たちが売るものは、契約です。**契約の中身はパンフレットや約款に全部書いてあり、そこに書いていないものはありません。**ということは営業を10年やっていても、まだ1カ月であっても、パンフレットと約款を全部理解していればいいわけです。暗記する必要はありませんが、書いてあることをすべて理解できれば、その瞬間からプロだと私は考えます。

私は保険営業1年生だったとき、29歳でしたが、正直何もわかりませんでした。しかし、とにかく約款だけは全部理解してやろうと思い、隅から隅まで読み込みました。

最初はチンプンカンプンです。でもしばらくすると、**なぜこの約款を保険会社がつくったのかという背景がわかってきます。**

面白い発見もあります。たとえば生命保険の多くは地震や津波、台風など自然災害に関しては原則、保険金が出ません。それはなぜかというと、不特定多数の人が一度に何千、何万人も亡くなってしまう可能性があるからです。ところが落雷は通常、保険金が出ます。というのは、雷がピンポイントでその人に落ちることがあっても、それによって何千、何万人が亡くなるという可能性は極めて低いからです。

そういうことが約款には明確に書いてあります。約款を読み込んでいくと「どんな保険がいいのか」という自分の保険に対する「哲学」のようなものが芽生えてきました。**その日を境に、それまでずっと売れなかった私は、ようやく売れるようになっていった**のでした。

売れるコツ 24

iPhoneに学ぶ保険営業

スマホが出てくる前、ガラケーと呼ばれる携帯電話には、分厚い取扱説明書がついていたのを覚えていますか。あんなに分厚い取説をまるごと1冊読む人はそういなかったのではないでしょうか。

一方、スマホであるiPhoneは取説自体を廃止しました。彼らは取説をつけることを止め、操作方法が直感的にわかるというシステムにした。これは、まったく逆のアプローチです。日本のガラケーは分厚い取説をつけるのが親切だと考えていましたが、アップル社は、取説を用意することは不親切だと考えたのです。結果的に分厚い取説が淘汰されていきました。おそらくこのあたりに**「売れる・売れない」の答え**があると思います。

「なんだかよくわからないけれど、触ってみたい」という気持ちにさせる。つまり、iPhoneは「つかみ」がうまいのです。「ここを押すとどうなるのかな」という好奇心からいろいろと触るうちに、使い方がわかってくる。「全部ここに答えがあります」という分厚い取説をドンと渡されたら、読むのがイヤになりますが、iPhoneはその逆。

これを保険営業に置き換えるとすれば、**お客様へのファーストアプローチでは資料を排除することです。**

そして商売っ気を醸し出す電卓すら持参せず、お金の話をするときは、暗算で頭に入る範囲でしかしゃべらないようにする。303万円とか、3980万円とか、暗算できないような細かい数字は言わない。だいたいの数字（300万、4000万）で話します。このように、あえて端数を切り捨てた数字を、**銀行員時代、「数字を丸める」とか「ラウンド数字」などと呼んでいました。**

熱心で真面目な営業パーソンは、「省略するのは不誠実だ」と考えて、細かく伝えてしまいがちです。大事なことは、まずイメージをつかんでもらうことであって、端数の数万円ははじめはそんなに重要ではないのです（もちろん最終的に保険を買っていただくときはきちんとした数字を言わなければなりませんが）。

最初の「つかみ」の段階で細かい話をしても嫌になってしまいます。大切なのは感覚的に理解してもらうこと。細かく正確に話を詰めるのはそのあとです。

第2章
ヒアリング

ヒアリングで、お客様好みの価値観にチューニングする

ヒアリングは、文字通り、お客様の要望や年収、家族構成、人生設計を「聞くこと」だと思われています。ところが、熱心に聞こうとするあまり、刑事さんの取り調べのような「尋問」になってしまう人もいます。

私がヒアリングで大切にしているのは、一方的に聞くことではなく、ダイアログ（対話）です。具体的には、「いま、こんな保険が人気なんですよ」とか「昔はお子さんのいる方は学資保険が定番でしたけど、いま、学資保険ってほとんど売ってないんです」というような**「誘い水」**を向けます。すると、お客様自身の隠れた関心が湧いてくるというわけです。そんなふうに対話を通して、私がいいと思う保険と、お客様のいいと思う保険について、調整していく。それが、売れるヒアリングです。

必ずしもはじめから、正確な年収や生活費などを把握する必要はありません。細かな金額の調整は、見積書ができてからのプレゼン以降でいいのです。

ヒアリングですること

- 誘い水を向ける
- 自分に合った保険をイメージしてもらう
- アレルギーを聞く
- スケッチブックにライフプランを描く
- プレゼン（見積もり）を予告する

お客様の関心を引き出し、「そんな保険があるの!?　でもいまはそんな余裕ないわ」と言われたら、どうすれば保険料が捻出できるかというご相談に乗ります。住宅ローンの金利を引き下げる、天引き貯金を貯蓄型の保険に回すなど、方法はたくさんあります。

保険営業は、〝愛を語る〟ことが多いのですが、**私のヒアリングでは、同時に〝お金を語る〟ことも特徴**です。

そんなふうにして「月額いくらなら払えるか」という話をしてから次回のプレゼンに移るので、**ヒアリングが終わったとき、お客様はプレゼンの内容が概ね予想できています。**だから次のプレゼンですんなりと契約に至るのです。

それでは、詳しくご紹介していきましょう。

誘い水を向けて関心を引き出す

似たような境遇にある人の一般論を話す

アプローチで、お客様の警戒心を解いたあとは、ヒアリングが始まります。

私はまず始めに、先方が望むものを知るため、「最近、こんな保険が人気なんですよ」というような、関心を誘う話をします。私はこれを「誘い水」と呼んでいます。

ここでは、できればお客様と似たような年齢で、似たような境遇の人の話を一般論としてするのがコツです。たとえば赤ちゃんが生まれたばかりの人には、こんな最近のトレンドについて話します。

「私たちのお母さん世代は子どもの教育費を貯めるのに、学資保険が主な手段でした。郵便局でも保険会社でも、たくさん学資保険を取り扱っていました。

でもいまは超低金利時代で、利息があまりつかないので、学資保険という名前のついた保険がほぼなくなってしまったんです。ですから学資保険に代わるような商品を探さなければいけない時代になっています。だから最近、若いお母さんから〝子どもの教育資金を貯めるために、どんな商品を使えばいいんですか?〟という質問を多くいただくんですね」

これが「誘い水」です。**「最近の若いお母さんはこうです」と、お客様と似たような境遇の人の話をすると、お客様は自分の心の内が話しやすくなります。**だから私が「最近は学資保険が減っていて」と言うと、その瞬間、「そう、私も思ってたのよ」とパンフレットやマネー誌がバサッと出てくる。このとき、一般論が「自分の話」に変わるのです。

注意すべきことは、一般論からお客様の話への切り替えをなだらかにすること。あからさまに「では、あなたが話す番ですよ」としむけると、お客様が身構えてしまいます。

そこで**「お子さんがいる人には学資保険」「独身の人には超低金利時代の運用」と興味がありそうな話を誘い水として向ける。**するとお客様の聞きたいことや興味のあるキーワードが出てきますから、あとはどんどんその人の話に変えていくだけです。

誘い水にはいくつかパターンがあります。２４２ページ以降の「誘い水トーク集」でいくつかパターンを紹介していますので、参考になさってください。

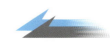

自分に合った保険をイメージしてもらう

生活費は聞かなくていい

そのお客様が、どれくらいの保障額の保険に入ればいいのかを考えるために、「お客様の生活ぶりや収入を正確に知らなければいけない」と考える営業パーソンは多いのではないでしょうか。

そこで「○○さん、生活費はおいくらですか？」と聞く営業パーソンが大多数なのですが、これは避けたほうがいいでしょう。なぜなら、正確に自分の生活費を把握している人は少ないからです。特に男性はほとんど答えられません。

かといって「じゃあ奥様、わかりますか？」と話を振ると、やっぱり答えられらない。「家計簿をつけてないのがバレる」という嫌な空気になり、「なんでわからないんだよ」とご主人が不機嫌になり、場の空気が悪くなってしまいます。

そもそも生活費はプライベートなことですから、本来であれば初対面の人間が尋ねることは、はばかられます。

ではどうすればいいかというと、**「仮説」で話をすればいい**のです。

するとお客様は、「自分の場合はこうだな」と頭のなかで変換しながら聞いてくれます。

仮に「年収５００万円、生活費が30万円」で話をしていても、実際の年収が４００万円であれば、「８掛け」にして聞いてもらえるので、おおよその金額が合っていれば話は進められます。

プレゼンで修正してもらうことを前提にする

そんなふうにして実際にプレゼンで設計書を見せると、お客様からの修正が入ります。

「井上さん、あのときは一般論で聞いてたけど、実は来年、家内の両親が住宅ローンを半分返済してくれるって言ってるんだ」

という話が出てきたりする。そうすれば、

「じゃあ毎月25万円もいりませんね。15万円くらいでいいでしょう」

というように、プレゼンの段階でお客様に調整してもらう。そうするとお客様は一方的に売り込まれたという感覚にならず、自分で「カスタマイズした感」が残ります。

「それでは一旦、生活費30万円で計算して、プランニングを考えてきますね」というほうが、「ああ、わかったよ」と言ってもらえるのです。

ヒアリングはお客様の現状や希望を聞くことだと思われていますが、**私にとってヒアリングとは、プレゼンテーション（見積もり）の「予告」をすることです。**

このプロセスを経ておけば、見積もりを見たお客様に、「どうしてこんなプランなの？」と言われることはありません。

必要保障額の計算式を種明かしする

そんなふうにして「月30万円で生活している」という仮説を立てたら、それに基づいて必要な保障額の計算方法について話していきます。

ご主人が亡くなったあと、奥様は何年生きるか。子どもが独立するまで何年あるか。それぞれ逆算して何年分のお金が累計いくら必要かを求めます。

ざっくり2000万円、3000万円ではよくわからないので、紙に書いて計算します。

まず、ご主人が亡くなっても30万円の生活費が必要かどうか考えてもらいます。なぜならご主人がいなくなれば、いまよりも必要な生活費は下がることが多いからです。当たり前ですが、亡くなったらご主人の食費や小遣いがいらない。それに、ご主人にかけていた保険代ももういらなくなります。また住宅ローンを組んでいる人は、通常、団体信用生命保険で完済されますから、それもなくなる。

ですから毎月30万円で生活されているご家庭でも、ご主人が亡くなった場合、差額の15万円を確保すれば、いまと遜色ない生活ができる。

ただし、ゆとりはありません。ご主人が亡くなったことによるいろいろな不安を考えると、まとまった1000万円くらいは持っておいた上で、毎月15万円の生活ができれば同じくらいの生活レベルが維持できる。

「そういうふうに考えて、われわれは保障額を算定するんですよ」という話をします。

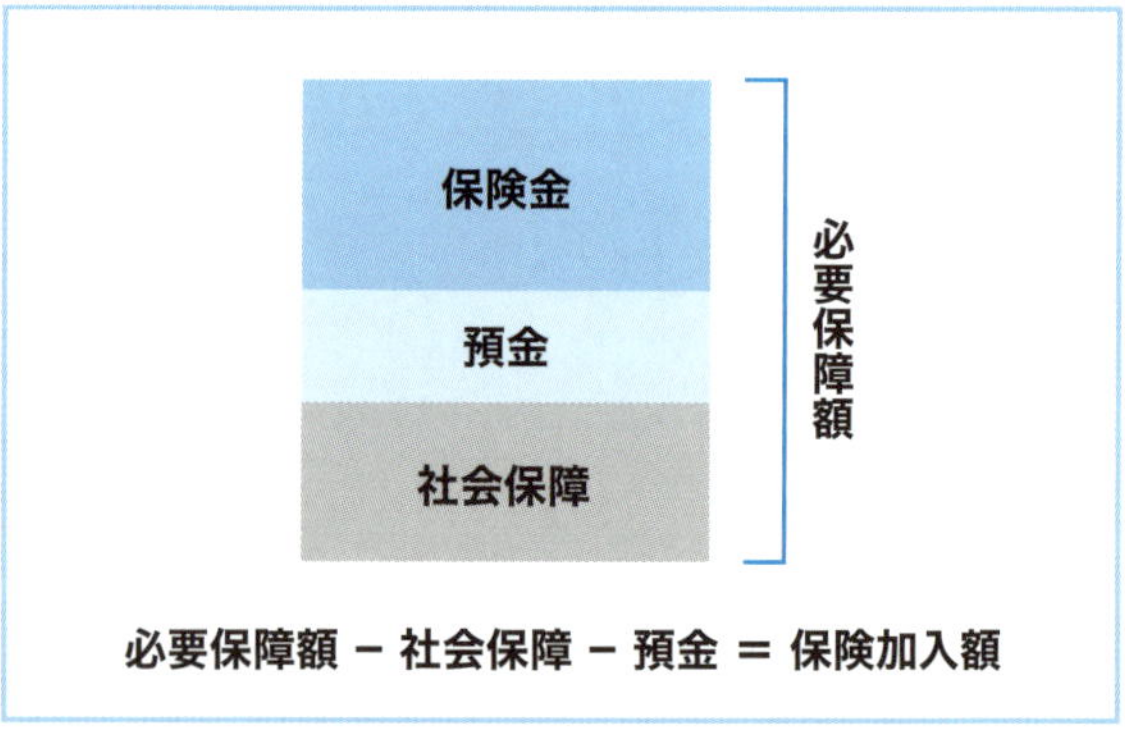

プレゼンで調整するのであれば、まずはだいたいの見積もりさえ取れればいいわけですから、「いくらの保障が必要かは、この考え方で計算して、一旦見積もりしてきます」という、イメージを伝えると、こと足りるのです。

「奥様はいま37歳でいらっしゃるから、87歳まで生きられるとして、50年あるでしょう。毎月15万円の生活費が、1年＝12カ月で１８００万円、それの50年分なら、９０００万円必要ですね」などと計算式を手書きしていく。これも、**暗算できる範囲でしかしゃべりません。**なぜなら電卓を出した瞬間に〝営業っぽく〟なるからです。

ヒアリングでは相手の懐事情を事細かに聞くことよりも、**「こうやって必要保障額を算出しますよ」という種明かしを伝えることが大切なのです。**

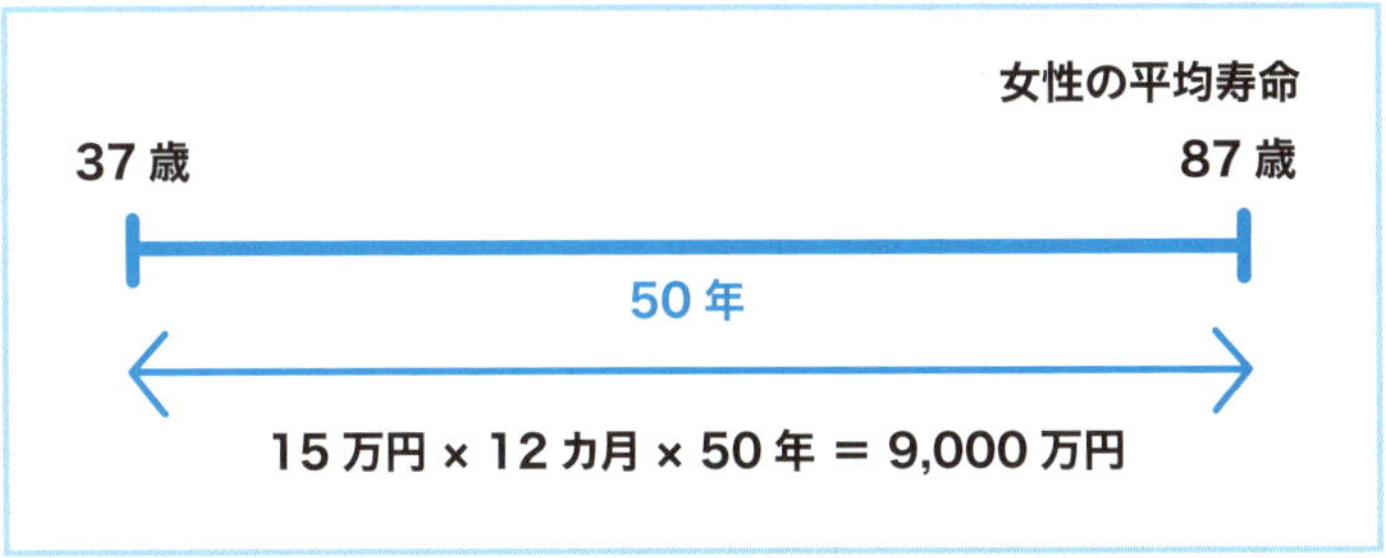

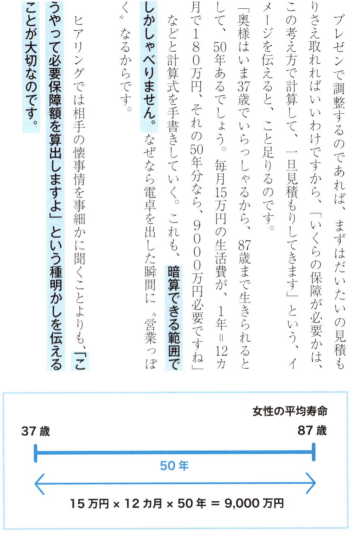

お客様の相場観を知り、たたき台をつくる

予算を上げてもらいやすくなる質問

たいていの人は頻繁に買うものの値段が頭に入っています。たとえば喫茶店でコーヒーを頼めば500円くらい、ランチなら1000円前後という感じです。しかし、こと保険となると、頻繁に買うものではないので、「この保障なら保険料はいくら」という「相場観」を持っていないことが多いのです。したがって、こちらから、「1万円で買える限界はこれくらいですよ」というような相場を伝えることが大事です。そうすることで、お客様が自分が納得のいく保険を買うための算段を立てやすくなります。

「1万円で買える保障系のいちばんいい保険はこれです。そして貯蓄系ならこれです。どちらかではなく、混ぜることもできますよ」

というような話をすると、組み立て方をイメージしてくださいますし、ある程度こちらで組み合わせをしてみせると、たたき台があるので決めやすくなります。

一方で「保険に出せるのは月2万円まで」というように、固定された相場観を持っている方もいます。しかし私たちが提案したい保険のなかには、保険料が大きくなる貯蓄系の保険などもありますから、そんなときはお客様の思い込みを崩す必要が出てきます。

たとえば**「貯金にいくらまで出せますか」という質問と、「保険にいくらまで出せますか」という質問では、対照的な答えが返ってきます。**

「貯金にいくらまで出せますか？」と聞くと、まず間違いなく「できるだけ多くしたい」という答えが返ってくる。しかし「保険にいくらまで出せますか？」と聞くと、面白いことに、「2万円から3万円」という具体的な金額をみなさん決めていらっしゃいます。

つまり「保険料＝貯まらない＝必要最低限しか出したくない」という方程式が出来上がっているということです。

「貯金にいくらまで出せますか？」「保険にいくらまで出せますか？」**「じゃあ貯金になる保険なら、もう少し足してもいいですか？」**というふうに聞いていくと、保険にある程度大きな予算がとれます。

予算を確保する

お客様の興味の方向性が見えたら、予算を確保します。

このとき気をつけなければいけないのは、具体的な商品の話をするより先に予算をとることです。「お客様には、この商品がいいですよ」と商品ありきでしゃべってしまうと、「お金がないわ」と断られてしまう。ですから先に予算をとること。国会と一緒です。うまくいかない営業パーソンは先に商品をプレゼンし、それから予算を決めるので、失敗してしまうのです。

保険料の相場を伝えると、「そんなには無理よ」とか、「それぐらいならなんとか払えるよ」というようなリアクションが返ってきます。**「無理よ」と言われて、引っ込んではいけません。**「じゃあどこから保険料を捻出しましょうか」という話に移していくのです。

保険を売るとは、保険料を捻出すること

私はいつも研修やセミナーで、「保険を売る＝保険料を捻出すること」という話をしています。**要するに「買えるための状態をつくる」という発想**です。

いまの時代、ほとんどの人が何らかの保険に入っています。それをやめてもらって、別の保険に入ってもらうのは大変なことです。義理のある人から勧められて入った保険かもしれないし、いままで払った保険料がもったいない、担当者になんと言って断ろう、というプレッシャーが、新しい保険に踏み出す勇気を邪魔してしまうかもしれません。

ですから保険を売るときに易しいのは、「買い替え」より「買い増し」です。

しかしそれでは必然的に月々の出費が増えることになる。そこで、保険料を捻出する方法を考えていくのです。

いい保険だと思っても先立つものがないと買えませんから、「あなたさえ買う気になれば、お金のことは解決しましたよ」という状態をまずつくってあげる。そこまでするのがプロの営業パーソンの仕事です。

売れない営業パーソンは、お金の問題を解決する前に商品の「スペック」などを説明してしまうので、お客様は聞く気になれません。まず、買える状態をつくることが売れることにつながるのです。

ではどうすれば買える状態をつくれるのかといえば、家計を見直して「こうすれば無理なく保険料が払えますよ」とアドバイスをしてあげることです。

ご存知の通り、「家計の三大支出」と言われているのは、金額が大きい順に、

1　住宅費
2　教育費
3　保険料（社会保険も含む）

です。家計を見直すには、ここにメスを入れるのがコツです。パパが飲むビールを発泡酒に変えたところで、ひと月で数千円も違いません。

保険については営業パーソンは専門家ですから、すでに知識がある。あとは住宅費と教育費をそれぞれ5時間ずつ勉強すればいいでしょう。

私は、保険営業に携わる人たちにはＦＰ（ファイナンシャルプランナー）の資格をとるように勧めています。ＦＰの分野は、ライフプラン、保険、金融、税金、不動産、相続な

どで分かれますが、各分野を深掘りできていなくてもまずは、広く浅く知っていれば十分です。FPの6つの分野をバランスよく知っていて、特に保険に関しては精通しているという状態を目指せば、保険料を捻出するアドバイス力は飛躍的に高くなります。

保険料の捻出例①「住宅ローンの金利を下げる」

保険料の捻出方法の例として、住宅ローンの金利を下げる方法を説明しましょう。

「ゼロ金利」が長く続いていますから、ダメもとで銀行に住宅ローンの利率を下げてもらえるか相談してみれば、下がることがあります。

「利率1.5%で払われているんですね。いま新規で借りると0.5%を切るかもしれませんよ。ダメもとでお願いされてみてはどうでしょう」と提案してみましょう。

昔は住宅ローンの金利を下げるのは、別の銀行に借り換える方法が主流でしたが、**いまは、銀行は変えずに金利を下げてもらえるか、まず相談してみるのが主流です。**

たとえばA銀行から借りているなら、B銀行から借り換えの相見積もりをとった上で、A銀行に相談してみるといいでしょう。

B銀行での借り換えは「新規」になりますから、金利は0.5％。A銀行は、B銀行にお客様を持っていかれるよりは金利を下げたほうが、まだマシです。よって、こんなふうに金利を下げることを申し出てくれるかもしれません。

……………………

「別の銀行で借り換えると、登記料や切り換えの手数料などでだいたい50〜60万円の諸費用がかかります。他行に借り換えて金利が1.5％から0.5％に下がるとしても、それには諸費用がかかりますから、それなら、金利を1.5％から1.0％に引き下げますので、うちに置いておいてもらえませんか」

そうなると、お客様の住宅ローンの毎月の返済が11万円だとすると、それが10万円ぐらいに下がります。「その浮いた1万円を貯蓄系の保険に回しましょうよ」と提案する。これが保険料を捻出するということです。

保険料の捻出例②「天引き貯金を貯蓄系保険に回す」

保険料の捻出方法をもうひとつ紹介しましょう。

お客様は「本当にお金がない人」と、「お金がない気持ちでいる人」の２種類に分かれます。「うち、お金ないのよ」という人が、毎月５万円もの天引き貯金をしていることは珍しくありません。

実は預貯金残高の多い人ほど、「毎月のやりくりが苦しい」という感覚を持たれています。その原因の最たるものが給与「天引き」です。ですから、「うち、お金ないのよ」と言う人が本当に苦しい人なのか、それとも天引き貯金のしすぎで苦しい人なのかを見極めることが重要です。

後者のように、お金がない気持ちでいる人には、

「天引きで５万円貯金しているなら、そこの２万円を減らして、貯金タイプの保険に回しませんか」

という話をすると、この2万円を保険料に充てられます。

それから**「月払い」と、「ボーナス払い」や「年払い」のお財布は別です。**月払いは、生活費や携帯代に習いごと代……、競合が激しい「レッドオーシャン」です。「月払いの5000円アップができない」と言うお客様に、**「夏と冬のボーナスで5万円ずつなら払えますか？」**と聞くと、「それなら大丈夫です」と返事をもらえることはよくある話です。

「心の財布」にも注目することです。

保険料の捻出例③「いま入っている保険を変えてもらう」

保険料の捻出方法には、もちろん「いま入っている保険を変えてもらう」という選択肢もあります。特にお客様が、「お金が貯まると思って続けていた保険が、実は掛け捨てだった」など、勘違いがあった場合などはチャンスです。

いま入っている保険の証券、ないしは1年に1回送られてくる「ご契約内容のご案内」を持ってきていただければ、どんな内容かわかります。

「ここに〝1万円のうち500円をファンドに回します〟って書いてあるでしょう。ということは、1万円のうち9500円は毎月の保障代で500円が積み立てに回るというイメージです」

「9500円じゃなくて、500円が貯まるほうだったの?」

「そうです、9500円が貯まるほうだと思っていらっしゃったんですか。必要な保障代ではありますが……」


そんなときは、見直そうかと思ってくださるチャンスです。

しかし、保険をやめる踏ん切りがつかない人もいらっしゃいます。

「いままで入っていた保険を変えることは、それほど怖いことじゃありませんよ」「いまの保険は、こんなふうに変更すれば、いいところを活かすことができます。新旧うまく組み合わせていい形をつくりましょう」と伝えることです。

ただし、「この保険はダメですよ」というように、お客様の入っている保険を否定することは、お客様自身をも否定することになるので気をつけてください。

良し悪しの判断は、あくまでもお客様自身が行うものなのですから。

「アレルギー」の有無を聞く

「どんな調理方法がいいですか」とは聞いてはいけない

予算の話をするのと同時にしておくべきなのが、「アレルギー」を聞くことです。

私は研修やセミナーで、いつもレストランにたとえて説明するのですが、お客様に保険を見つくろうとき、「どんな料理方法がいいですか」と聞いてはいけません。聞いていいのはアレルギーだけ。

「食べられないものはありますか」

「エビやカニのアレルギーはありませんか」

というアレルギーを聞くのです。**保険でいえば「保障が途中で切れる」や「お金が貯まらない」など、「これは絶対に嫌だ」という組み方を聞いておき、それを避けること**です。

「どんな調理方法が好きですか」「どんな食材がいいですか」というような細かい好みを

聞き始めると、まず売れません。それなのに、多くの営業パーソンがこれをやってしまうのです。

レストランでも「どんなものがいいですか」「どこ産の何がいいですか」と細かく聞いたところで、すべての食材や調理方法は用意できません。しかし、お客様は聞かれたからには期待する。それなのに期待したものが出てこないから、失望してしまうのです。あるいはお客様の要望を何もかも全部取り入れると、変な料理ができてしまいます。

私のヒアリングの定義というのは、こちらができる最大限のサービス（レストランなら料理）は何かを提示することです。

ヒアリングというと、どうしても「お客様の話を聞くこと」だと考えられますが、実はその前に自分ができることを話す（発信する）ことです。

レストランには、よく**"today's special（本日のお勧め）"**が用意されています。それを伝えて、そのなかから選んでいただく。ただし、「アレルギーはありませんか」「お魚とお肉ではどちらがいいですか」という基本的な要望は聞く。そうやって**こちらが提供できることと、お客様の希望を調整するのが、売れるヒアリング**です。

スケッチブックにライフプランを描く

人生設計は童心に返ったつもりでつくる

みなさんは保険の説明をするとき、紙と筆記用具を使って図を書いたり、計算式を書いたりすることがよくあると思います。

そのとき使うのはどんな紙やどんな筆記用具がいいのかということまで、考えたことがあるでしょうか。

私も以前は、何も考えず、会社支給のレポート用紙やボールペンをそのまま使っていました。なにしろタダですから。しかし、だんだんこんなことを思うようになったのです。

「保険営業では〝商品を売る前に自分を売れ〟と言われるけれど、これでは自分を売るのではなく、会社を売っていることになるな」

些細なことかもしれませんが、お客様は説明を聞きながら、こちらの会社のロゴが目に入る。そのとき、「この人は営業に来ているんだ」という現実へ引き戻してしまうのです。

そこで考えた私は、スケッチブックとクレヨンを持っていくようにしました。昔、学校で図画工作の時間に使っていた、オレンジとブラックの柄のスケッチブック。おそらく誰でも幼いころ絵を描くのに使ったことがあると思います。それと、手が汚れない鉛筆タイプのクレヨンをお店で買い込みました。

これを出すと、お客様は「へえ、懐かしい」とおっしゃいます。子どものころ、これでお絵描きしたなぁと思い出して、ちょっと場が和む。

ボールペンやシャープペンシルは事務的で無機質な印象を与えますが、真っ白ではなく少しクリーム色がかったA3サイズのスケッチブックに、クレヨンで図や数字を描きながら説明していくと温かくて優しい印象になるのです。

これは些細な工夫ですが、このような**ちょっとした行動の一つひとつが、あとからボディーブローのように効いてくる**のです。

お客様の人生は大きく描く

スケッチブックはノートと違って、１８０度きれいに開くことができます。するとテーブルの上にスケッチブックが迫力のＡ２サイズでドーンと広がる。そこに私はライフプランという、お客様の人生の年表のようなものを描いていきます。

「あなたが30歳のとき、お子さんが０歳で、30年後には60歳と30歳になります。あなたは、１００歳までのこの70年をどう生きますか？」というような人生のイメージです。

個人版の年表をつくるわけですから、横に長い紙がほしい。その点、Ａ３のスケッチブックを開くと、かなり横に長いスペースがとれる。そこにダイナミックに人生を描いていく。小さくまとまるのではなく、大きな人生をイメージすることで夢が膨らむのです。

自分の人生をＡ４の紙1枚にペラッと細い字で小さく書かれたら、「俺の人生はＡ４の紙に収まるほどなのか」と思われるかもしれません。夢や愛を語るときは、レポート用紙に小さな字で書くよりも、広いスケッチブックにダイナミックに描いてあげるほうが、インパクトがあります。

クレヨンは12色すべてを使います。適当に色を選ぶのではなく、それぞれの色のコンセプトを決めておきます。安心なときは青。危険なときは黄色。万一のときは赤いクレヨンを使う。すると色彩のイメージの助けを借りて、お客様の理解度がアップします。

「ここで60歳の定年を迎えると、退職金が入り収入は一気にドーンと増えます。でもそのあと年金がもらえるようになる65歳までの5年間は収入がない時代があります。それからは年金が主な収入源として生活していくことになります」

というようなことを描いていくわけです。

すると、「保険のパンフレットを置いていって」と言ってくださるお客様は少なくても、スケッチブックにクレヨンで描いた図は、7～8割のお客様から、

「井上さん、このスケッチをもらえないだろうか」

とお願いされるのです。これは自分にとって、スケッチブックに描かれたライフプランが大切なものだと感じてくださったからにほかなりません。

なぜ商談に温かみが生まれるのか

スケッチブックは、子どもの遊び道具にもなる

83ページでも述べましたが、私は商談の際、必ずご夫婦一緒に話を聞いていただきます。するとお小さいお子さんがいらっしゃる場合は、お子さんがぐずる場合があります。だいたい30分ぐらいすると子どもが飽きてきて、「ママ～」と始まる。そんなときもスケッチブックとクレヨンは威力を発揮します。

私はお客様のライフプランを描くためのスケッチブックとクレヨンを、子どもの分も持っていくようにしています。それを子どもに渡して、子どももプレゼンに参加させる。もちろん会話にまで参加するわけではありませんが、子どもは大人と一緒に、同じスケッチブックにクレヨンで何か描いているというだけで、大いに満足するのです。

このやり方を編み出すまで、私はどうすれば子どもに邪魔されないか、どうすれば子ど

ももおとなしくさせられるか、いろいろと研究しました。もう一台パソコンを持っていってDVDを見せるということも試してみたのですが、結局、子どもがいちばん嫌がるのは、その場に参加できていないという「疎外感」だと気づいたのです。そこで、

「いまね、おじさんは、ママとパパと一緒にね、○○君がずっと困らないように、何があっても大丈夫なようにって、大事なお話してるからね。だから一緒に○○君も考えてくれるかな」

などと言いながら、私たちと同じスケッチブックとクレヨンを渡す。**ここで大事なのは、子どもと大人の目の高さを合わせること**です。大人がテーブルの上で絵を描くと、子どもの目線は低いので、何をしているかが見えない。スケッチブックとクレヨンを渡して、「あなたは床の上で描きなさい」ではダメなのです。可能であれば、子どもはご両親の膝の上に抱っこして座ってもらって、一緒に参加してもらう。それがダメなら、こちらが下に降りていき、フローリングの上にスケッチブックを広げて話をさせてもらうこともあります。そうすれば子どもは案外長時間、絵を描いて遊んでいてくれます。

プレゼンを予告する

およその値段を伝えておく

お客様の求める保険の方向がわかったら、次回の「プレゼンテーション」の予告をして切り上げます。

このときのポイントは、お客様が、次回のプレゼンの予測ができるようにしておくことです。というのは、お客様はメニューを見て、「たぶんこんな料理が出てくるだろうな」と想像しています。

レストランに写真つきのメニューがあれば、「だいたいこんな料理なのかな」と想像することができますが、「トリュフとブッフサレ」とか「ゼッポレ・ディ・サンジュゼッペ」と文字だけではわけがわからない。いざ料理が出てきたとき、「こんなものを頼んだ覚えはない」ということがないように、写真つきのメニューがあるのです。

保険も同じように、正式の見積書を出す前に、**お客様に「だいたいこれくらいですよ」**

と内容と予算を事前に伝えておくのがポイントです。

レストランなら思いもよらない料理が出てくるのは、ときには楽しいことかもしれませんが、保険の提案では予想通りのものが出てくるほうが喜ばれるのです。

ちなみに、私の場合は契約の意思決定は2回目の訪問で決まることが圧倒的に多いです。

そして、3訪目に実際の申込書への署名・捺印などの手続きを行っています。

不思議なもので、**初訪「丸腰」が、契約締結の近道だったりするのです。**それくらい、「安全性の確保」である「つかみ」が大切だと言えるのではないでしょうか。

売れるコツ 25

子どもと「次のアポ」を約束する

子どもと一緒にスケッチブックに描く、という話をしました。子どもと仲良くなっておくといいことがあります。特に営業パーソンにとって、プレゼンが終わったあとの2回目か3回目のアポをとるのはなかなか難しい。そこで次のアポは子どもととるようにするのです。

「〇〇君、今日もいい絵を描いてくれたね。今度おじさんが来るときに、24色のクレヨン持ってくるぞ。今日は海だったから、今度は山の絵を描いてくれよ。約束だぞ。よし、指切りだ」

「うん、わかったー」

両親は苦笑い。これでドタキャンしにくくなってしまうというわけです。

売れるコツ 26

お金の専門家として、引き出しの多さを見せておく

保険料の捻出をするには、家計全体を診断して、「ここが削れる」とか「これは無駄」というような判断ができなければいけません。それにはやはり、お金についての専門家であることが活きます。私もＦＰの資格を持っていますが、保険営業パーソンたるもの、ＦＰの資格は持っていたほうがいいでしょう。

お客様の信頼を得るためにも、自分はただの営業マンではなく、**「お金の専門家」であることを早い段階で知っていただくほうが商談は進めやすくなります。** 保険以外の情報提供もできますよ、と次のように伝えるのです。

「今日は私、保険の話で、◯◯さんのお時間を30分ちょうだいしますけれど、保険以外にもいろいろ家計のお役に立つ話を伝えることで、たくさんのご縁をいただいています」

・・・・・・・

すると「そういう人なら付き合っておいて損はないな」と思ってもらえる。

それからお金の話をしていきます。たとえば、お子様のいる方ならこんな話をしてみる。

「みなさんがご関心のあることのひとつって、教育資金をどうやって貯めたらいいんだろうということですね。いまは銀行に行っても郵便局に行っても、しっかりお金が貯まるという商品が少なくなってきていますし」

あるいは新築の家に住んでいる人なら、「保険より、とにかく住宅ローンの返済を考えなくては」という場合もありますから、住宅ローンの金利を下げる話を振ってみる。おおよそ相手の気になりそうなネタをパラパラッと話していくのです。

そうやって、お客様の関心事を探りながら、引き出しの多さを示していくと、

「えっ、住宅ローンの金利って下がるの？　ちょっと井上さん、悪いけど詳しく教えてくれる？　でも60分の時間は守ってよ」

「では30分だけ住宅ローンのご相談を受けましょう。その代わり、30分は保険の話を聞いてください」


という調子で返します。**専門知識は「つかみ」にもなるのです。**

研修やセミナーには、これまでとても多くの方が来てくださっていますが、私が彼らと接していて思うのは、ＦＰの資格を持っていても、保険以外は苦手意識を持っている方がいらっしゃるということです。

「『住宅ローンを見直せば保険料が捻出できる』と言われても、それは井上さんだからできるアプローチですよ」と思われるのかもしれません。

でも、お客様が欲している住宅ローンの知識や情報は、銀行で何年も仕事していないとわからないというレベルではなく、５時間も勉強すれば、おおよそわかるレベルです。極めて有効なアプローチなので、ぜひチャレンジしてみてほしいと思います。

売れるコツ27 若いうちに入ったほうがトク、と強調する

生保には、レストランでいう値段の載ったメニューが存在しません。強いていえばそれに近いのが、パンフレットの裏に載っている「保険料表」です。

私が持っていくパンフレットは、医療保険、保障系保険、貯蓄系保険の代表的な商品の

３つぐらいですが、それらの多くは、「０歳の人が入ると保険料はいくら」「20歳の人はいくら」というように、80歳くらいまで1歳刻みでの年齢別保険料が付いています。

30歳のお客様にはこの表を見せて、「もしあなたが40歳なら、同じ保障でも保険料はこの値段ですよ」と言うと、「若いうちに入ったほうが得だな」ということが一目瞭然です。

「レストランのメニューは、何歳でも同じ値段です。でも保険の場合は、30歳の方は30歳の値段でしか買えませんよ」と言うと、「そっか、俺はいま30歳だから６０００円だけど、40歳になったら1万円になるんだ。やっぱ早く買わなきゃ」と気づかれる。

その方のお父様やお母様の年齢のところを指して見せるのも効果的です。

人間は得をしたいという気持ちよりも、損をしたくないという気持ちのほうが強い。これを「損失回避性」といいます。その気持ちを刺激して、「早く買わなければ損ですよ」と具体的にイメージさせるのが売れるコツです。

売れるコツ 28

手帳は「見せられる手帳」にする

お客様と面談していて、次の約束をするときなど、手帳を取り出すシーンは案外多いものです。その際、お客様は手帳に何が書いてあるかをしっかりと見ています。

ちらっと見えた予定が真っ白だと、お客様は「この人ヒマなんだな」と思ってしまう。**お客様は、「売れている営業パーソンから買いたい」と考えています。**売れていない営業パーソンは、「この人は売れなくて困っているから、強引に売りつけてくるかもしれない」という不安を与えますから、もし予定が少ないのなら、スケジュール帳のページにも、**色んなメモや覚え書きを書き込んで、埋めておくこと**です。アポは青、メモは黒など自分だけにわかる色分けをしてもいいでしょう。

大きな手帳より小さい手帳にびっしり書いてあるほうが、「忙しそう」な印象がつくれるのでお勧めです。

また、**約束の相手の名前には、必ずすべて「様」をつけること。**それが「見せられる手帳」にするコツです。

数字の反射神経を鍛える

保険を扱う人は、数字に強いところを見せてください。暗算が得意だったり、「平成4年生まれということは、西暦1992年生まれということですね」というように即座に元号を西暦に直せたり、電卓の扱いが正確で早かったりすることも大事です。ちなみに、元号を西暦に直すのは、昭和なら25を、平成なら88を足すと、西暦の下2ケタとなります。

私はいつも研修やセミナーに来られた人には、数字を逆から書く練習をしてもらいます。

対面で座っている人に、相手から見た向きで数字を書いていく。たまに学校や塾の先生にこれができる人がいますが、紙をいちいちくるっと回さなくていいので、何か説明しながら数字を書くとき便利です。たったそれだけで「この人、す

昭和 51 年 + **25** = 76　　1976 年

平成 4 年 + **88** = 92　　1992 年

平成 29 年 + **88** = 117

1900 + 117 = 2017 年

1 2 3 4 5 6 7 8 9 0

ごい！」という印象が残ります。練習すればできるようになるので、数字を逆から書くことも徹底してほしいと思います。

売れるコツ 30

「誰かに話したくなるように」伝えると、紹介が生まれる

どうしたら紹介をしてもらえるようになるのかということは、みなさんが悩まれていることだと思います。

「とにかく誰でもいいから紹介してください」

と迫るやり方もありますが、それは私の流儀ではありません。

いちばんいいのは「サプライズ」です。「えっ、そうなの？」という驚きの情報を伝えて、それを誰か知り合いに話したくなる状態をつくる。

人間は驚いたり、お得な情報を聞いたりすると、それを人に話したくなります。そのように人に話したくなる状態をつくってあげると、おのずと口コミになる。私がいただいている紹介の大半は、そういう驚きから始まっています。

第3章

プレゼンテーション

プレゼンとは、ヒアリング内容の「確認」である

アプローチ、ヒアリングから数日経たら、保険プラン（設計書）を持って商品を提案するプレゼンテーションと、契約をうながすクロージングに移ります。

残念なことに、たいていの営業パーソンは、「プレゼンで頑張ればお客様は買う気になるだろう」「プレゼンが勝負だ」と、とにかくプレゼンが営業のクライマックスだと勘違いしています。

提案した商品とお客様の要望が、うまく合致すればいいけれど、そうでない場合は断られるだけ。それでは、「賭け」の要素が強すぎるのではないでしょうか。

もうおわかりのように、私の営業では、ヒアリングの段階でお客様の「要望」と私の勧めたい商品のすり合わせがすでに終わっています。したがって**私にとってプレゼンとは、ヒアリングで話したことの再確認と微調整をする場にすぎません。**ですから、**ヒアリングの最後とプレゼンがつながっていることが必須**なのです。ヒアリングでつくり上げた「い

プレゼンですること

・ヒアリングの記憶を呼び起こしながら、保険プラン（設計書）の説明をする

・いい意味で期待を裏切る

いムード」をプレゼンでも維持することができれば、高確率で売れます。

繰り返しになりますが、保険という商品は、どこで買っても、誰から買っても値段は変わりません。それにもかかわらず「あなた」や「私」から買ってくださるのは、おそらく両者の価値観が合致し、**「いまが買うタイミングなのかな」という縁のようなものをお客様に感じていただいたから**でしょう。

ということは、お客様は**クロージングよりも随分手前で、買うかどうかを判断している**ことになります。プレゼンの手前までのステップがうまくいけば、おのずと買ってくださる。このように考えると、アプローチやヒアリングなどセールスプロセスの前半部分こそが大事だということに気づかれるのではないでしょうか。

ヒアリングの記憶を呼び起こしながら、保険プランを説明する

プレゼンでスケッチブックをもう一度見せる

ヒアリングのとき、スケッチブックにクレヨンでライフプランという、お客様の人生の年表のようなものを描き、そこに図や数字を描きながら説明するという話をしました。プレゼンのときは実際の保険プラン（設計書）を出しますが、アプローチ・ヒアリングから数日経っているので、それだけではどんなヒアリング（オーダー）内容に対し、今回のプレゼン（料理）になったのか、つながりがわかりにくい。

そこで、**ヒアリングのときに描いたクレヨンの図と保険プラン（設計書）を並べて説明します。**

スケッチブックに描いたライフプランは、家を建てるときの設計図のようなものです。ライフプランという設計図を基に、こういう家を建てましたよ、と説明することで伝わりやすくなります。

「保険プランを説明すること」がプレゼンだと考える人は多いと思いますが、ヒアリングで話した内容をプレゼンで繰り返す方は少ないようです。せっかくヒアリングで設計図を描いたのですから、それをプレゼンでも「おさらい」してみましょう。

簡単に「前回、こうでしたね」と復習すると、スムーズにプレゼンが進みます。

「先般、貯蓄も兼ねて保険を組みたいとおっしゃっていましたから、本当は貯蓄系の終身保険メインで組みたかったのですが、値段が高くなりすぎましたので、終身保険はこれくらいに留めて、一部、保障重視の定期保険でカバーしてみました」

「将来お支払いに余裕ができたら、終身保険をこのように増やして、貯蓄性をさらに高めましょうね」

というようにストーリーを描いて、保障プランの完成形をイメージしてもらいます。

保険プランは保険会社がつくった商品説明書です。でも設計図であるライフプランはお客様と私とでつくり上げた世界ですから、夢やハートがあります。私はこちらにウェートを置いて説明したいと思っています。

いい意味で期待を裏切る

プレゼンでは予告より値段を安くする

「プレゼンは営業のクライマックスではない」とお伝えしましたが、やはり実際の商品をお見せするわけですから、盛り上がることは確かです。

そこで、できるだけ商品を好きになってもらうための工夫をします。そのひとつが、「いい意味で期待を裏切る」ことです。

まず私はヒアリングの時点で、「ざっくり3万円ちょっとくらいになりますけどいいですか」というように、予算について大筋の合意を得ておきますが、そのときのコツは、ちょっと高く伝えておくことです。

「3万円は超える（切らない）くらいになるかな」

と言っておくと、お客様は3万数千円だろうと思われています。

そうやって少し高めに予告しておき、プレゼン本番に蓋を開けてみれば2万9800円になったとしたら、「安く」思えます。**いい意味で期待を裏切ることで、お客様に嬉しいサプライズを演出できる**わけです。

したがってヒアリングのときから、「これなら2万9800円でいけるな」と思っていても、「たぶん2万9800円ですね」とは言いません。

この伝え方は「遅刻」の連絡をするときと似ています。10分遅れるとわかっていても、人間は罪悪感から、ついつい「5分ほど遅れます」と過少に申告してしまうものです。ところが最初に「20分遅れます」と言っておけば、それよりも早く着いただけで、「おっ、頑張ったねぇ」とむしろ褒められる。それと同様、**値段をお伝えするときは勇気を持って高めに言ったほうが、あとの印象はよくなる**というわけです。

余った予算で「ついで買い」を勧める

値段を高く予告し、実際には低くすることの利点は、お客様が喜ぶというだけではありません。

3万数千円だと思っていたものが、2万9800円になると、数千円が浮いたことになります。そこで**「もうひとつ保険をお勧めする」と買ってもらえる確率が高い**のです。

「余った予算で、お子さまにこの医療保険はどうですか？　いまは0歳でも医療保険に入れますよ。月々たった2000円です」

とプランをお見せします。数千円の予算が浮いた人からすると、2000円など安いもの。

・・・・・・・

「こちらも入られますか？　でもプラス2000円ですよ。合計で3万円超えますよ」

「ああ、構わないよ。だってもともと、3万数千円って腹積もりでいたんだから」

そこで、もうひとつ保険が売れる。コンビニのレジ横にお饅頭が置かれていると、「ついで買い」をしてしまうのと同じです。

納得感を高める伝え方

保険料は、満期額からの「逆算」で説明する

見積書をお見せすると、お客様によっては「やっぱり毎月の保険料が高いな……」と感じてしまうことがあります。

お客様の要望をもとに作成したにもかかわらず、お客様が「高い」と感じてしまうのは、保険会社のつくる「設計書」（A４で10～15ページくらいのもの）を、１ページ目から順番に見せているからです。

設計書の１ページ目には、「１カ月の保険料３万円」など、毎月の支払額が書かれています。

お客様は最初にこちらを見せられると、尻込みされるのです。

「月給、手取り20万なのに、３万円も払うなんて、どうして言っちゃったんだろう」

「毎月こんなに払っていけるかな」

と不安になってしまう。したがって、支払額を先に見せてはいけません。

私は、貯蓄タイプの設計書なら逆から綴じて、最後に載っている**「満期になったらいくら貯まっているか」という結論を先に見せています。**

「○○さん、24年後の60歳のときには1000万円以上貯まっているんですよ。すごいですね。実際には全部で864万円しか払わないのに、約140万円も増えるんですすね。しかも何かあったら1500万円もらえるという保障がついています。だから私はこれがいいと思って持ってきたんです」

「○○さんは60歳までに1000万円貯めたいとおっしゃっていましたね。○○さんはいま36歳ですから、あと24年です。あと24年で1000万円貯めようと思ったら、1カ月に約3万5000円貯金しなければなりません。でもこの保険なら1カ月3万円でいいんですよ」

というように、1000万円を貯めるというお客様が示したゴール（満期額）から「逆算」

で話します。するとお客様は、「そうだな、自分で1000万円貯めたいって言ったんだし、がんばるか」と納得されます。

「私が1カ月3万円の保険を売りたいのではなく、あなたが1000万円貯めたいと言ったんですよ」というように、相手が希望したからこうなったという前提を崩さないことです。

そのためには、設計書を逆から綴じることも有効なのです。**ゴールを先に見せる「逆算の発想」が、成功するプレゼンの秘訣です。**

同じ話なら「減る話」ではなく「増える話」にする

もうひとつ、プレゼンの順番を変えるだけで、お客様の心をつかめるという話です。

保険に入っている方が亡くなると、受取人に毎月お給料のように一定額が支払われる「収入保障保険」というものがあります。この保険についてプレゼンするなら、一般的には次のように説明すると思います。

「もしものとき、給料のように毎月10万円が30年間、奥様に支払われるという保険があるんです。もしご加入されてすぐにご主人に万が一のことがあったとき、毎月10万円、

1年で120万円を30年間受け取ることになります。つまり、毎月10万円×12カ月×30年だから合計3600万円ですね。

また、まとめて30年分をいっぺんにもらうというやり方もあります。でもその場合は、3000万円しか出ません」

するとお客様は、「600万円も減ってしまうのか……」と、部分的にせよ、その商品に対してマイナスのイメージを持ってしまいます。

ところが同じことでも、伝え方の順番を入れ替えるとどう変わるでしょうか？

「この保険は、ご加入されてすぐにご主人に万が一のことがあったとき、まとめて3000万円受け取ることができます。でもある程度貯金もおありでしょうし、ご主人の会社から死亡退職金も出るでしょう。生命保険で3000万円を一括でもらわなくても、当座の生活には困らないという方も多いと思うんです。

そういう場合は、30年間毎月もらうという選択肢もあります。毎月10万円、1年で120万円を30年間もらうようにした場合は、合計3600万円ですから、600万円

同じ話でも、順番を変えると印象が変わる

×

まとめて30年分を一度にもらう方法もあります。
でもその場合は、3,000万円しか出ません。

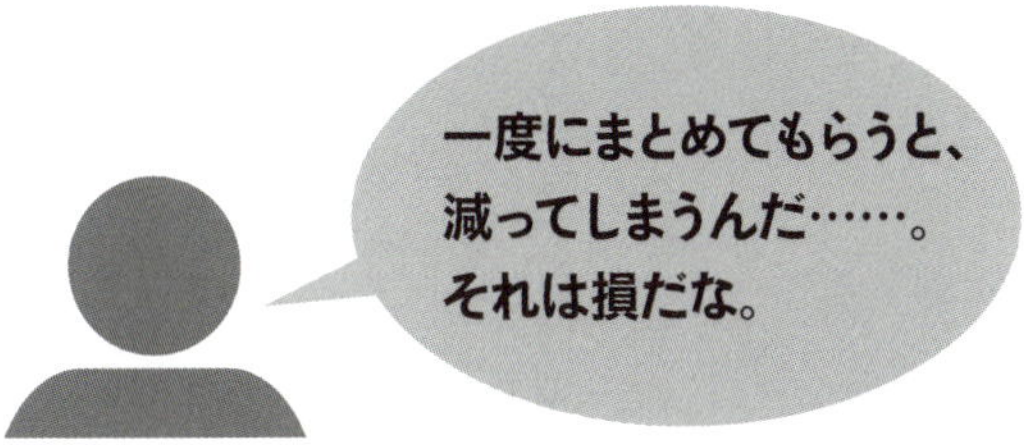
一度にまとめてもらうと、
減ってしまうんだ……。
それは損だな。

○

毎月10万円、1年で120万円を
30年間もらうようにした場合は、
合計3,600万円ですから、600万円増えますよ。

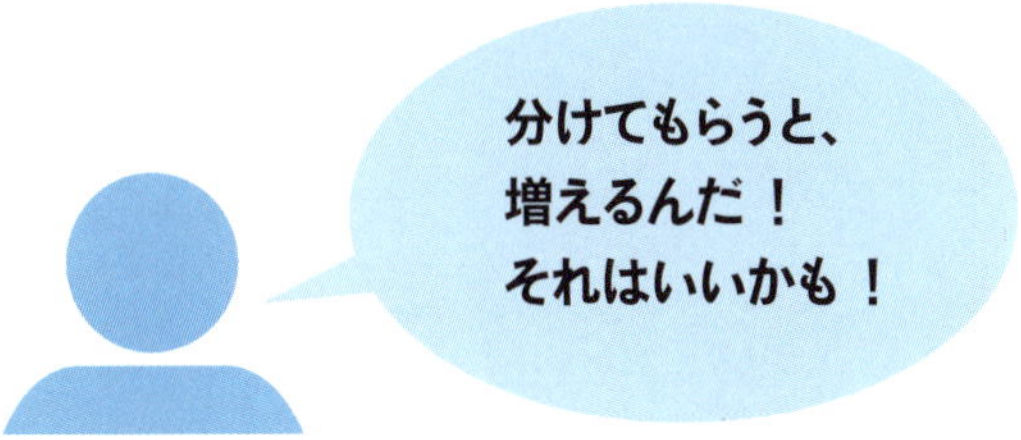
分けてもらうと、
増えるんだ！
それはいいかも！

…も、もらえるお金が増えますね」

するとお客様は、「増えるの？　嬉しい」と喜ばれます。まったく同じことを言っているのに、お客様に与える印象は１８０度変わる。どうせなら伝え方の順番を変えて、ハッピーエンドにしてください。

売れるコツ 31

「思ったより高いね」と言われたら

前述したように、プレゼンで提案する設計書の値段は、ヒアリングで予告した金額よりも安くすることが重要です。反対に、「思ったより高い」値段になると、せっかくスケッチブックに描いた夢が実現できなくなってしまいます。

私は基本的にヒアリングで予告した予算を下回るようにしていますが、「思ったよりも高いね」と言われることもあります。それは「終身」の保障を分厚くしたときなどです。「終身」の上に期間限定の「定期」を乗せて、生活費をカバーするのが基本的な保険の設計ですが、この終身が金食い虫なのです。

そこで「月々2万円のうち1万5000円が貯蓄性のある終身保険に回るお金です。あとの5000円、これがいわゆる保障重視の定期保険代です。ですから確かに全部で2万円ですが、本当の保障代は定期保険の5000円。あとは、貯金にもなる終身保険の1万5000円です」と本当の保障代は5000円だけですよ、と繰り返して伝えてあげると、「そっか、貯金だと思って増やしたんだよな」と思い出して、納得されます。

売れるコツ 32

保険料が増えることに抵抗を感じているお客様には

保険料が貯蓄にもなることが納得できたとしても、それでも高いという気持ちがぬぐえない方は、いま払っている保険料との差額が気になっていることが多いものです。いまは保険に1万2000円しか払っていないのに、新しい保険にすると毎月2万円が出ていくということで迷うのです。

私はそういうお客様には、ビフォーアフターの図を下のように書きます。

「ビフォーは保険が1万2000円、それから貯金が3万円、合計4万2千円でしたよね。アフターは保険が2万円になるけれど、貯金が2万2000円に減るから、結果として出ていくお金は4万2000円のままですよね」

という話をすると、納得されます。つまり、貯蓄も含めた

	Before	After
保険	12,000	20,000
貯金	30,000	22,000
〈合計〉	42,000	42,000

家計支出は増えてないということを示すのです。

売れるコツ 33

金額を隠した「付箋」をめくる

私はいつも、プレゼンをショーのように演出します。よくテレビのニュース番組などで、ボードに書いた文字の上に紙を貼って、書いてある文字を隠し、端を小さく三角に折ってペリッと剥がしていったりしますが、それと同じことをします。

「それでは、お値段です」

裏が全面のりになっている付箋を貼っておいて、お客様の目の前でゆっくり剥がしていく。2万9800円なら、「2」のほうから剥がしてしまってはつまらないので、1の位からゆっくりと剥がします。

「そこまでするか」と思うかもしれませんが、保険はただでさえ、ケガ、病気、亡くなるという暗い話になりがちです。

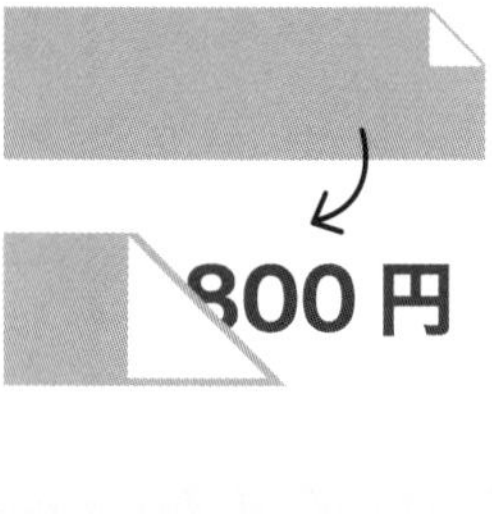

お客様に買い物を楽しんでいただくことを忘れてはいけません。エンターテインメントに徹するのは私のモットーです。**面白くなければ、その方の契約は決まっても紹介までは出ないのです。**

売れるコツ 34

私の心に残るプレゼンテーション

１４４ページでお話しした「高く見積もり、安く請求すること」を覚えたのは、あるクルマの修理屋さんの対応を経験してからです。

私がクルマをちょっとぶつけたときに、クルマの修理屋さんに、

「井上さん、ボディーだけじゃなくドアのほうまでヘコんでるから、たぶん10万円はくだらないと思いますよ。どうされますか」

と言われたのです。

「うーん、10数万円なら、超えても11～12万円ぐらいにしてほしいけど。なんとかそれくらいでお願いしますよ」

と言うと、修理ができてきて渡された請求書は9万8000円でした。もしかしたら、修理屋さんは最初から9万8000円でできると思っていたのかもしれませんが、**私は「なんていいクルマ屋さんだろう」と思い、それ以来いろいろな人にそのお店を紹介したものです。**

人間の心理として、見積もりより安く請求されると、安堵して嬉しくなるもの。心に残るプレゼンであるためには、「はじめに、安く見積もるのは、ご法度だ」としみじみ思いました。

第4章 クロージング

クロージングとは、「お客様による合否の総合判定」である

契約の締結をうながすのがクロージングですが、「買ってください」と熱心に頼むことがクロージングだと考えている方もいらっしゃいます。

しかし私は、クロージングとは「買える状態をつくること」だと考えています。

第2章で**「保険を売るとは、保険料の捻出をすること」**だとお伝えしましたが、お客様が金銭的な理由で決断できずにいるなら、クロージングにおいても、改めてそれを行う必要があります。あるいは精神的な理由（勇気がない、なんとなく不安、ほかにもいい保険があるのではないかと思われている、決断力が乏しいなど）で決められないのであれば、それを取り除くことがクロージングになります。

直接的な言葉で説得するだけがクロージングではありません。私がいちばんよく使うクロージングの手法は、「沈黙」です。**言葉を使わなくても、お客様に「決断のタイミングですよ」と気づかせることはできます。**そして、迷っている人には決断を1日寝かせるこ

クロージングですること

- 迷っている人の背中を押す
- アフターサービスのアポをとる
- 紹介をもらう

とを勧める場合もあります。強引に買ってもらったところで、お客様がすぐに解約されてしまえば元も子もないからです。

そしてクロージングで忘れてはいけないのが、「次」に**つなげる姿勢。**契約していただくのは嬉しいことですが、裏を返せばそれは、「見込み客が一人減った」ことを意味します。クロージング直後は紹介をもらいやすいタイミングです。ぜひとも紹介をいただいて、次の見込み客へと育ててください。紹介をいただく方法については177ページを参考になさってください。

目の前のお客様と長いお付き合いが始まります。アフターサービスに伺うことを約束して、関係を築いていきましょう。

迷っている人の背中を押す

なぜクロージングが苦手な人が多いのか

商談のクライマックスがクロージングです。お客様に「買ってください」と決断を迫るプロセスなのですが、このクロージングに苦手意識を持つ営業パーソンも少なくありません。実を言うと、私もいまだにクロージング独特のあの空気が嫌いです。

思うに、クロージングが苦手な人も、その直前のプレゼンまではイキイキしているのではないでしょうか。

プレゼンで、「保険ってこんなふうに考えるんですよ」という話をしているときは、お客様に対して啓蒙する先生のような立場ですから、ある意味において善人でいられます。

でも、「○○さん、買ってください」と言った瞬間、単なる「営業マン」になりさがってしまう気がする。自分のなかにそんな抵抗があるのかもしれません。

しかしお客様に役立つ商品を勧めるのであれば、正々堂々と「買ってください」と言っていいのではないでしょうか。

もうおわかりのように、私の場合は、セールスプロセスのかなり早い段階からクロージングをちょこちょこ挟《はさ》んでいます。

たとえば**アプローチの段階で、「もし説明を聞いて気に入ってもらえたら、買ってくださいね」と言っておく。**言いにくいことは最初に言っておくほうがいい。最後の最後に言おうとするから言いにくいのです。

沈黙こそ雄弁なクロージング

いちばん多いクロージングは沈黙です。私はもう話すべきことはすべて話し終わっている。あとはあなたの判断を仰ぎますという「待ち」の状態です。かといって黙って相手の目を見据えていると圧迫感を与えますから、こちらはメモをとったり、別の作業をしている。実は、**そうやって考える時間を与えることが、クロージングになります。**

対照的に、売れない営業パーソンは「いかがですか、どうですか」とやたら聞いてしまう。そして沈黙に耐えられずに、喋りだしてしまいます。

「これで説明は終わりです」

と言ったあと、沈黙がある。こちらが沈黙に耐えられなくなって、つい口火を切ってしまうのです。すると、また一からやり直しです。

プレゼンを終えたら喋ってはいけません。「チッチッチッチッ」という時計の秒針の音が聞こえるかもしれませんが、耐えてください。

もっとも、決められない方もいますから、「買っておきましょうよ」という素直な一言もときには大事です。それでもNOだったら潔くその日は失礼しましょう。

ただし、**買う・買わないにかかわらず、回答は期日を切り、こちらから伺う約束をしておくこと**です。

席を外すことがクロージングになる

クロージングのもうひとつの手段として、席を外すこともあります。

お手洗いに立ったり、「ちょっとすみません。2つ3つ着信があったので、ちょっと外で５分くらい電話させてもらってきていいですか」と言って、その場を離れる。私がいなくなれば、残ったお客様だけで、「どうする？」という相談が始まるので、電話を１、２本かけに行くぐらいがちょうどいいでしょう。戻ってくれば、だいたい結論が出ているものです。

私は、**クロージングは営業パーソンがかけるものではなく、夫婦のどちらかがパートナーにかけるもの**だと考えています。

ご夫婦で買い物に行くときもそうです。奥様が「これでいいんじゃない」と言ったらご主人は買う。奥様が渋い顔をしたら、結局、ご主人は買わない。これは、はっきりしています。やはりクロージングはパートナーからかけてもらうのが力強いでしょう。

「せっかくですから」と背中を押す

自分からバンジージャンプをやりに来たのに、いざとなると飛び出せない人がいます。そういう人は背中を押してあげる必要があります。この場合、自分では飛び出せないのですから、他人の協力を必要としています。

そこで、クロージングで効果的なのが、「せっかくですから」という一言です。なにがせっかくなのかよくわかりませんが、「せっかくですから」と言うと、**お客様は自分なりの「せっかく」の理由を探しだします。**

せっかく来てもらったし、せっかくこれだけ時間をとったし、決めておくか、という気持ちになるのです。

この一言にもう一押しするならば、これまでの**「商談の延べ時間数」をさり気なく言うこともあります。**これも、よく効く魔法の言葉です。

「先週に引き続き今回も1時間半もお付き合いをいただいてありがとうございました。結局、4〜5時間くらいお時間を割いていただいて、すみませんでしたね」

とボソッと言うと、お客様は「それほど時間を使ったのか」と思い出されます。

少なくともお客様には合計4〜5時間を、保険を考えるために費やしたという事実があります。この時間を無駄にしたくないという心理が働くのです。遠くまで買い物に来たら、何か買って帰らないと損をしたような気分になるのと同様です。

ですから時間の無駄遣いを意識させることがクロージングになる。**4〜5時間という時間をお客様と共有すること自体が、もうすでにクロージング**なのだと私は思います。

種明かしをすると、この「時の無駄遣い理論」は受け売り。ヒントになったのは、書店に置いてある椅子です。いまとなっては書店に椅子があることは珍しくもないですが、以前は「椅子なんか置いたら、長居して読み切ってしまい買わなくなる」と思われていたのです。ところが椅子を置いても売上が下がらない。それどころか集客に効果的だということがわかってきたのです。

椅子に座ってじっくり本を読むと、書店で長い時間を過ごすことになります。20分、30分はあっという間に経ってしまう。人によっては1〜2時間費やしたから、気に入った本を1冊は買って帰らないと時間を無駄にした気がしてしまうのです。「店にも悪い」という心理も働きます。

悩んで決めきれない人には

クロージングまできても、なかなか悩んで決めきれないという人もいます。そういう人は放っておいても、答えは出せないので、その契約は決まらないでしょう。「おそらくこのままでは答えが出ないだろう」というときは、ここで必ず強めに背中を押してクロージングをやり切ることです。

「確かに、また来年いい商品が出てくるかもしれません。しかし、それを言い出したらキリがありません。『いまはこれが最高』という答えをいったん出されたのですから、これで契約を進めましょう。保険は買えるときに買っておかないと、あとからは買えなくなるかもしれないのですから」

とズバッと言ってあげるほうがいい。迷っている人に対してこちらが引くのは禁物です。もちろん強引に売りつけてはいけませんが、ときには「今日はお客様がサインするまで帰らない」という覚悟で臨んでください。

私の経験からすると、若い方ほど、迷う傾向が多いような気がします。

もし、あなたのほうが年上なら、人生の先輩として、「これがいいから、頑張ってこれにしましょう」とリードするほうがいいときもあります。

背中をポンと軽くたたく程度で決断できる人には、**「これでいきましょうか」と語りかける。**

背中を強く押さなければいけない人には、はっきりと、**「GOです」と迫る。**

2通りのイメージを使い分けられるといいでしょう。

申込書はすぐに出さない

クライマックスを抜かりなく演出する

さて、お客様が買う意思表示をされると、「では、これで契約しましょう」とその場で契約に移りたくなりますが、**私はここであえて日数を空けることがあります。**

「じゃあ今度契約書を持ってきますね」というように、契約だけを別の日に設定するのです。

なぜならすぐにカバンから申込書を出すと、「こいつ、俺が買うという前提で申込書をつくって来たな」と思われてしまうからです。

もっとも最近は、タブレット上に電子ペンでサインしてもらう方式も増えています。タブレットがカバンに入っているのは自然ですから、そんなときはすぐに契約に移っても構わないでしょう。

しかし、もしペーパーに署名捺印を求める方式で、**プレゼン直後に契約をしたいなら、ヒアリングの段階で次のように「予告」をしておくこと**です。

「次回はおおよそのイメージを固めて、お持ちします。お誕生日がすぎると保険料が上がってしまいますし、もしもＧＯの場合はお手続きも賜れるように、お申込書類も含め、必要な書類は一旦、全部整えて参りますね」

そして当日は、

「サインをいただくためだけにもう一回土曜日のスケジュールを空けていただくのも恐縮なので、前回お話ししていました通り、念のため、申込書をご用意していますから、よろしければ今日手続きを進めませんか」

という言い方をします。そうすればカバンから申込書が出てきても、お客様は強引に話を進められたという印象を持ちません。

早期解約を防ぐには

プレゼンテーションの直後は、お客様の気持ちがいちばん熱いときですから、その流れで売り切るのが正解です。ただし、お客様にまだ若干「迷い」があるようでしたら、少し寝かせたほうがいいでしょう。

冷却期間をおくとお客様の気が変わって、売れなくなるかもしれません。しかし、「こちらから押し切った感がある」と思う場合は、1日寝かせたほうがいい。ここは非常にさじ加減が難しいのですが、お客様の様子から判断してください。

特に急いで契約しないほうがいいのは、当初の予定よりも予算を上げたときです。いままで予算は3万円とおっしゃっていた方が、いろいろと考えて4万円に上げたとします。こんなときは、こちらから次のように**「もう1日、値段だけ考えられますか？」と提案してあげるといいでしょう。**

「私はいま端末を持ってきていますから、この場で決めてしまわれても全部処理はできますけれど、でも4万円かな、3万円かなという迷いがおありなら、一晩寝てから決めてください」

その上で４万円にすれば、**お客様が「自分で決めた感」が持てます。**

しかし、保険を買うこと自体を迷わせてはいけません。そこで迷い始めると、永遠に決まりません。**買うという決定は覆さずに、値段だけは少し決断を待つ。**売り込まれたのではなく、自分で決めたという思いがあれば、納得して保険料を払い続けることができます。

したがって、無理に押し切ってしまったかもしれないと思う場合は、契約を急《せ》かさず、数日寝かせたほうがいいでしょう（説明した内容や、保険に入る必然性を忘れてしまうこともありますから、できれば１週間以内にアポをとるといいと思います）。

お客様に少しでも「買わされた」という意識が残っていると、長く保険料を払い続けることはできません。最後は必ずお客様に決めてもらうことです。

もっとも、どんなお客様でも寝かさなければいけないというわけではありません。たとえばお客様が多忙な方で「忙しいから、もう初回で決めてくれ、井上さん」というようなときはその場で決めます。しかしときには、一日、二日寝かすことで、お客様の満足感の高い「いい買い物」をしていただけることになるのです。

アフターサービスのアポをとる

「契約締結後の書類整理」という名目で再訪する

契約が終了して3〜4週間すると、お客様のもとへ保険証券が届きます。前に入っていた保険をやめた場合は、解約の手続きも終わっているでしょう。そのころ、

「新しい証券と一緒に、いろいろな資料も送られてきますから、整理整頓しに伺いますよ」

と言って、もう一度アポをとります。

すると「じゃあ任すわ」と一式渡されるので、「これは大切、これはそんなに大切じゃない」と分けていき、そんなに大切ではないものは、別の封筒に入れてさしあげます。

「これは大事なので、金庫に入れてください。これは設計書です。何かあったときに見るものです。ここに私の名刺を挟んでおきますね」

それだけのことですが、届いたものが封を切らないまま置いてあることもありますから、喜んでもらえます。

また、契約から3～4週間経ったころ一度会っておくというのは、今後のためにも意外と重要です。なぜなら半年も間が空くと、お客様との距離感が、ほとんど初対面のときと同じレベルに戻ってしまうからです。

でも3～4週間程度なら、「前の保険はうまく処理できましたか？」「解約金はちゃんと戻ってきましたか」と気になっていたことも確認できる。

ですから**できれば契約をした時点で、「3～4週間後くらいに一度お目にかかれるように、もう一回お時間くださいね」「私のほうから電話を入れますね」と言っておくと確実にそのお宅に訪問できます。**

「電話する」という約束をした以上は、忘れずに電話しなければいけません。私は「電話しますね」と言った瞬間、スマートフォンのカレンダーアプリに「○○様に電話のこと」と入れておく。その日になるとフラグがポンと立ち上がるので、あとは必ず電話をするだけです。

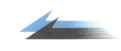

紹介をもらう

契約直後に、ついで買いや、紹介が出やすい理由

保険というのは大きな買い物です。それを買うという大きな決断を下したのですから、お客様は普段とは違う心理状態にあります。

緊張から解放されて、ほっとした気分になっているお客様は、「ついで買い」をしやすくなることがわかっています。これを「テンション・リダクション（緊張状態の消滅）」といいます。

もうひとつ、決断を下したあとは、**保険を買ったという自分の行動を正当化したくなります。**それまでは、「どうしようかな、まあ見直すのもいいか」という程度だったのに、買うと決めた瞬間、急に○○生命のファンになる。ならないと自分の行動が正当化できないからです。

そんな精神状態にあるときが、紹介をお願いする絶好のチャンスです。

「今回○○さんは、最終的には買おうと決められましたが、買うということよりも、この間のプロセスが大事ですね。たかが保険、されど保険で、一生に1回くらい、4～5時間、真面目に保険というものと向き合うということは大事だと思うんです。みんなそれぞれ守る人がいるのですから、何かあったときにどうなるかと真剣に考える時間を持つのは大事なことですよね。

こういう話ができる人たちを、教えてください。○○さんがいちばん大切だと思う人に、私を会わせてください。具体的には大親友、兄弟、ご両親などに会わせてください」

というふうに紹介してほしい人を指名します。

「誰でもいいわけじゃありませんよ。○○さんにとって大切でない人に、私が話をする義理はありませんから」

というスタンスです。

「誰でもいいから紹介してください」というと、「誰かいたかな」と考えなければいけないので、紹介は出てこない。ましてやお客様は、大きな買い物をしてやや放心状態になっているわけですから、「あなたにとって大切な人」というように限定したほうがいいのです。

3〜4週間後のアフターサービスで紹介をもらう

先ほども述べたように、私はアフターサービスで保険会社から送られてくる書類を整理するという名目で、契約の3〜4週間後に、もう一度その方に会いに行きます。

「今回の保険は、ざっとこんな内容ですよ」ということも再確認でサラッとお伝えします。15分も話せば、「ああ、そうだったね」と思い出してもらえるでしょう。

3〜4週間後ともなると、お客様は1回くらい保険料を払っていることもありますから、自分の入った保険を肯定したい意識が強くなっています。「この保険はいい保険だよ」と人にも勧め、その人を誘い込もうという心理が働く。ここが紹介をもらう狙い目です。

「○○生命井上健哉ファンクラブに、誰かお誘いしたい人はいらっしゃいませんか」と言うと、「いるよ」と言ってくれる。

ストレートな言い方ですが、もうこちらのファンになってくださっているのですから問題ありません。

「○○さんも、〝いいものはいい〟と言って買ってくださった私のファンのお一人ですから、もう一人ファンをつくってくださいよ」と言ってお願いすると、紹介してくださる場合が大半です。

売れるコツ 35

空気が重いときは、ストレートに聞く

クロージングでは、ときに重い空気が流れるのはしかたのないことです。しかしあまりにも重いと思ったときは、

「でもこれって、買われる可能性ありますか？」

などと素直に聞いてみてもいいでしょう。率直に話をすると向こうも気が楽になって、「私、ちょっといらないかと思ってたのよ。でも一生懸命勧めてくださるから、買わないと悪いかなと思って言えなかったの」と本音を話してくれます。

「あ、そうですか。じゃあガラッと話を変えて、３０００円ぐらいのにします？」
「えっ、そんなのあるの？」

というように、助け舟を出すことで流れが変わることもあります。
こんなふうに気まずい空気のまま話を進めるよりは、１回空気を変えるほうがいいで

しょう。「このままでは行き止まりだ」と感じたときは必ず1回ストップし、違う話に切り替えることです。**わざと話を脱線させるのもいいでしょう。**

前進しか許されないと考えると、袋小路に迷い込んでしまいます。クルマの車庫入れと同じで、1回下がってやり直したほうが、方向転換は容易なのです。

売れるコツ 36

健康診断前の「駆け込み需要」を狙う

クロージングでお客様があまりにも迷われたときに、「いましか買えない」という話を持ち出すといいでしょう。

「去年の健康診断がいい成績ですから、この結果でしたら、いまなら問題なく買えると思いますが、今年の健康診断を受けられて、何か数値が引っかかったら、買えなくなるかもしれませんから、そこだけは理解してくださいね」

というふうに伝えると、いま買おうと決断する人が多いものです。

健康診断がいつ行われるかは会社によって時期が違いますが、おおよそ4~6月にかけて行われることが多いので、3月ごろは、駆け込み需要が発生します。

決めきれない方々に関しては、いま買わなければいけない正当な理由をつけてあげましょう。それが「今度の健康診断を受けたら」というフレーズなのです。

売れるコツ 37

お客様のサイン用に高級ペンを用意する

私はお客様が契約書にサインするときのために、ペン先が極太のモンブランのボールペンを持っています。太すぎてメモをとるには不向きですし、自分で使うことはほぼありません。

保険は大きな買い物です。「ご主人様に何かあったときに家族を守るのが保険ですよ」という真剣な話を延々としておいて、契約のサインをするときに100円のボールペンを差し出しては、拍子抜けしてしまいます。ステーキは、シズル感あふれる鉄板で提供されるとおいしいけれど、紙皿で食べてもおいしくない。売れている人は、商談にも調和を追求しているものです。

モンブランは誰が見ても「ああ、モンブランだな」と思うブランドです。**保険契約を決めたお客様がサインをされるときに、「しっくりくる」ことが大切です。**

売れるコツ 38 「何かあったとき、どなたとどなたに連絡をとられますか」と聞く

「指定代理請求」という制度があります。

本来、入院などの保険は本人が請求するものです。亡くなったときだけはご家族が請求しますが、そうでなければ本人しか請求することができませんでした。しかし、三親等以内の人などを代理人としてあらかじめ指定しておけば、本人に意思能力がない場合などに、本人に代わり、保険が請求できるという制度ができたのです。

そこで、契約をなさる方には、指定代理人を誰にするかも決めてもらうことが一般的です。

「お近くに〇〇さんのお父様・お母様、もしくは奥様のお父様・お母様がお住まいなら、どなたかに指定代理人になってもらってください」
「それなら俺の親父かな。家内のほうは遠いから」
「わかりました。お父様はお近くにお住まいですか、おいくつですか。わかりました。じゃあ、私、お父様に名刺だけでも、お渡ししてきます」

という話をします。これがすでに「紹介」です。本当は指定代理請求人の登録は私が行かなくてもできるのですが、**紹介が目的なので伺うわけです。**

もしくは指定代理人になってもらうわけではないけれど、「何かあったときは、どなたとどなたにご連絡をとられますか」と聞きます。ポイントは、「どなたとどなた」と言っていること。つまり、**二人紹介してくださいと言っている**わけです。

「旅行代理店にツアーを申し込むときは、必ず申込書に緊急時連絡先を記入しますよね。そこには一緒に旅行に行かない人の名前を書くでしょう。そのとき、誰と誰を書かれますか?」

という聞き方をします。

「おふくろと姉貴かなぁ」

「そうですか。私がお母様とお姉様を直接訪問することは、できないかもしれませんが、せめて名刺くらいは送らせてください。お客様から『うちの担当はこいつだから』ということだけ伝えておいてもらえますか」

とお願いします。そうやって紹介をもらって、機会があれば電話をかけます。

つまり次の見込み客を育てていくのです。

紹介がほしいとき、以前の私は、「保険に入りたい人を紹介してください」と頼んでいました。しかしこれは間違っていました。保険に入りたいかどうかなんて、誰もわかりっこないのですから、第三者に紹介してもらうことなどまず無理です。

紹介とは、「見知らぬ人に出会う口実をつくること」。これが私の考える紹介の定義です。

めでたく契約となっても、私たちの仕事はそれで終了ではありません。できれば連続ドラマの終わりのように、「To be continued（続く）という余韻を残して、次へつなげる必要があります。

私は、「一度保険を見直せば、10年は触らなくていいようにするのがいい保険営業だ」と思っていました。

しかし保険の役割が保障だけでなく運用も兼ねるようになり、新しい商品がどんどん出てくるようになると、やはり変更を加えたくなるものです。そこで、「次は5年後にこんなメンテナンスをしましょうか」というように、定期的な見直しをご提案します。

買い増しをしてもらうという意味ではなく、人生にはいろいろな変化がつきものなので、生活のリズムが変わったり、転勤があったり、ないしはご家族が増えたりするかもしれません。だからせめて5年に1度はライフプランをチェックしましょうという提案です。

もう少し短い間隔のほうがよければ、2年に1回でもいいでしょう。すでに結婚の予定があるとか、いろいろなライフイベントが続くと予想できるのであれば、「1年に1回、1時間くらい話をしていきましょうか」と提案します。つまり次回のアポをとっているわけです。これをしておくのと、しておかないのとではお客様との広がりがまったく違います。

「まえがき」でも触れましたが、私たちの仕事は、訪問するところがなくなればどうしようもありません。ゆえに、保険営業は長く続けられる人が少ないのも事実です。

繰り返しますが、**目の前のお客様が契約を締結されるのは嬉しいことですが、しかしそれは同時に、見込み客が一人減ることを意味します。**手放しに喜ぶわけにはいきません。

そのお客様からまた別のお客様につないでもらうか、もしくはそのお客様からまた別の保険を買っていただくということを考えれば、やはり数年後のアポをとる必要があります。アポは新規の人とだけとるものではありません。

もっとも、「既契約者のところにも通いなさい」という教えは保険営業の鉄則ですが、昔保険を買ってもらった人に突然、「お久しぶりです」と電話したところで、「何か用事？」となってしまう。

だから私は、新規で契約を頂いた直後に、「1年後に電話しますね」とアポをとっておくのです。みなさん多忙ですから、特段の理由もないのに、来週のアポはとれません。でも1年後、2年後のアポなら「うん」と言ってもらえるのです。

第5章 マーケティング

マーケティングとは、「自分の敷居を下げること」である

保険営業という仕事を続けていく上で忘れてはいけないのが、マーケティング（顧客開拓）です。どんなに保険に関する知識が豊富だろうと、どんなに素晴らしいトークができようと、目の前にお客様がいなければ宝の持ち腐れになってしまいます。

お客様を開拓する方法は大きく分けて2つ。まず第4章でも少し述べたように、お客様に別のお客様を「紹介」していただく方法があります。もうひとつは、仕事とは関係のないところで、知り合いを増やす方法です。本章では主に後者について述べていきましょう。

また近年は、店舗にいらしたお客様に保険を売る「窓口販売」というチャネルも増えています。何もしなくても来店してくれるのですから、お客様を探す苦労はないと思うかもしれません。しかし実際、彼らに聞くと、「説明を聞くだけ聞いて買ってくれない」「一度来たお客様が再来店してくれない」という悩みを抱えているようです。ということは、窓口販売の人たちにも、「マーケティング」の視点が不可欠だということです。

マーケティングですること

- ライバルが敬遠する市場を開拓する
- 自分の専門マーケットを開拓する
- 「この人はお客様ではない」という思い込みを捨てる
- 出会う人は全員、将来の見込み客だと思う

紹介をもらうにせよ、知人を増やすにせよ、窓口でお客様を増やすにせよ、基本となる重要な心構えは、**「他人から見て、気軽に声をかけやすい人」になること**です。私は常々、「マーケティングとは自分の敷居を下げること」だと考えています。敷居の高いレストランには、人が寄りつきません。誰でも気軽に入れる店を目指すべきです。

「保険のことでも、それ以外でも、いつでも何でも聞いてくださいね」と敷居を下げておくことで、知り合いがどんどん増えていきます。いまの私はお客様になってくださりそうな方を常に200名以上抱えていますが、それは保険営業の常識を疑い、発想を転換したからでもあります。本章では、その秘訣についてお話しします。

ライバルが敬遠する市場を開拓する

「ダンス教室」でシニアマーケットを開拓

私は以前、週2回、社交ダンス教室に通っていたことがあります。

ソニー生命に入社して、半年くらいたったころでした。当時は『Shall we ダンス?』という映画がヒットしていたことに加え、タレントさんたちが本格的な社交ダンスに挑戦するテレビのバラエティ番組が人気を呼んで、社交ダンスが特にシニアのあいだでブームとなっていました。そこで自分も社交ダンス教室に通おうと思ったのです。

もちろん社交ダンスそのものにも興味はありましたが、もうひとつの目的は、「知り合い」を増やすこと。なにしろ営業という仕事は、お客様がいなければどうにもなりません。それにはまず知り合いを増やすことからです。

社交ダンス教室の生徒さんは女性が多く、平均年齢は70代です。保険のメインターゲットは30~40代ですから、本来であれば、生保営業パーソンがわざわざ知り合いになろうとは思わない方々でしょう。

しかし私はそれをプラスだと考えました。なぜなら**この世代を狙う同業他者はまずいないから。**競争相手のいない「ブルーオーシャン」だと考えたのです。

結論から言うと、ダンス教室に通ったことは大正解でした。

70代の方から見ると当時30歳の私は自分の息子か孫くらいの年齢ですから、かわいくてしかたがない。生徒さんたちは社交ダンスを習うだけあって、経済的にも恵まれた人たちが多く、「誰かの役に立ちたい」という潜在的な願望を持たれていたようです。

「あなた、若いのに保険の営業をしながら、ダンスも習っているのね。何か私にできることなぁい？」

と言ってご自身の保険を買ってくださったり、お子さんやお孫さんのための保険を買ってくださったりしました。

「シニア世代は保険に入れない」と思いがちですが、貯蓄型保険の一部には、健康告知や医師の診査が不要で、完全な健康体でなくても買える商品もあります。

それに70代の人たちは、そもそも現役世代とは保険を買う目的が違います。

現役の人たちがほしいのは、何かあったときの保障です。一方で**70歳前後の人がほしいのは老後の資産運用のための保険**ですから、「いまある1000万円をどう運用すればいいかしら」という話がおのずと転がり込んできます。そして30〜40代の人は、「出せるのは月々2万円まで、保障だけをください」と言われる方が多いので単価が低いのです。

シニアは、子どもや孫のための保険に関心が高い

もうひとつ、シニア世代の知り合いが増えてわかったことは、この世代の人たち（特に女性）は、「自分の子どもや孫のための保険に関心が高い」ということでした。

「私の息子はいま35歳で、このあいだ結婚したんだけれど、おそらく何も考えずに適当な保険に入ってると思うのよ。井上さん、悪いけど1回うちの息子に、あなたの考える正しい保険の入り方を教えてやってちょうだい」

「この人に会って保険の話を聞きなさい」というようなことは、自分より下の立場の人には言いやすいものです。たとえば自分の部下には、「今度、知り合いを紹介するから保険の話を聞いてやってくれ」と言いやすい。しかし友達に言うとなると関係が対等ですから、

影響力は強くありません。

ところが、**親が子どもに言うならトップダウンで話が早い。これほど強い紹介はありません。**子どもにしてみれば、「しかたない、会ってやるか」ということになります。

このように考えると、シニアの方々とは、ぜひとも知り合いになっておいたほうがいいということがわかるでしょう。確かにご本人たちは保険に入りにくい方もいらっしゃいますが、入れる保険もたくさんあります。それに**あまり保険の営業を受けていないので、自分が頼られることにある種の喜びを感じてくださる。**シニアの方々との接点を持つために、社交ダンス教室という手段はぴったりでした。おまけに、そのお子さん世代は生命保険を最も必要とされる方々です。

自分の専門マーケットを開拓する

経済的に余裕のある主婦は「パン教室」に行く

ダンス教室以外にも、知り合いを増やすために通ったのがパンづくり教室です。粉だらけになりながら生地を練ったり、オーブンで焼いたりするのは楽しい経験でした。

ダンス教室との共通点は、生徒さんに女性が多いことです。**女性は口コミで情報を広めてくれるので、とても心強い存在です。**

パン教室の生徒さんは、当時の私と同じか、それより少し上くらいの30~40代の女性がほとんどでした。まさか恋愛に発展することはありませんが、やはり人間は同性よりも異性に優しいもの。ほかに男性の生徒がほとんどいなかったこともあり、まるで後輩か弟のようにかわいがってもらえました。

一般的な主婦はパートに行きますが、経済的に余裕のある主婦は習いごとにも行きます。

特に私が通っていたパン教室の生徒さんは、年収が1000万円近い会社役員のご主人を持つような、経済的に余裕のあるマダムが多いのが特徴でした。奥様たちは、午前中はパン教室でパンのつくり方を習い、教室が終わるとそこで知り合ったお友達とホテルのランチを2時間かけて楽しむ。そんな富裕層の女性たちが最も必要とする保険とは、どんなものでしょうか。それは優雅な生活を支えているご主人が、病気になって働けなくなったときに備える保険です。

医療の発達した現代では、がんも随分、克服できる時代になりましたが、治療のあいだ働けなくなって収入が途絶えることは十分あり得ます。

亡くなれば保険金が下りますが、がんになって、しばらく働けなくなれば収入は途絶える上に、治療代がかかることになります。そこで私は「ご主人が亡くなったらお金が出る保険」よりも、**「医者からがんと診断されたら、入院や手術をしなくても、3000万円払います」という保険を中心に売りました。**

似た者の集団では紹介が生まれやすい

パン教室の生徒さんはみな似たようなリッチな専業主婦たちです。一人がその保険に入ったという話をすれば、またたく間に「私も」「私も」ということになります。

このときの経験から私は、「同じような属性の人が集まっているところに保険を売りにいくと、紹介が出やすい」ということを学びました。それ以来、保険営業の方には**「専門マーケットをつくりましょう」というアドバイスをしています。**

たとえばある保険営業の方は、自衛官の方々を自分の専門マーケットに選びましたし、また別の方は、看護師さんを選びました。同じ職業の人たちは、同じような保険を必要としていることが多い。一人が入ってよかったと思う保険は、その仲間にとっても必要な保険である可能性が高いのです。

それだけでなく、同じ仕事をしている人たちは職場が違っても、勉強会などで横のつながりがあることも多いので、紹介が生まれやすくなります。

自分の専門マーケットを持つという発想は、マーケティングにおいて大きな強みになるはずです。

共通の目標に向かって努力する「習いごと」がいい

保険は形がないものですから、お客様には結局、私たちの「見た目」や「言葉」しか判断材料がありません。だから、どこの保険を買うかよりも、誰から買うかという要素が大きい。

ではなぜパン教室のような場所での出会いがいいかというと、生徒たちがみな「おいしいパンをつくる」という同じ目標に向かっているからです。

同じ目標に向かって、同じ価値観で、同じ時間を共有できるところに参加すると、そこには絆が生まれます。

パンをつくっているあいだは、心が「無」になります。そしてオーブンからパンを取り出したときは、「パン屋さんで売っているようなパンができた」という喜びや感動を共有できる。だから仲良くなって、垣根がなくなる。

まずはカルチャーセンターや自治体主催の趣味の講座の中で興味があるところを1つ2つ探して行ってみてはいかがでしょうか。

英会話、中国語会話などもいいかもしれませんが、保険営業の観点からいえば、ほかの生徒さんとコミュニケーションがとりやすいところがいいでしょう。**一緒に食べるものをつくるところは、最後に試食をするので、特に仲良くなりやすいですね。**

「この人はお客様ではない」という思い込みを捨てる

目の前の人の体にかけるだけが保険ではない

窓口販売以外の保険営業は、「○○さんにこれを提案に行こう」というように、自分で営業の相手と商品を決めています。

それに対して窓口販売の方は、たまたま来店された人がお客様になるので、自分でお客様を選ぶことができません。そしてお店にやって来るお客様は、「医療保険について話を聞きに来ました」とか、「学資保険の相談に来ました」というように、もう欲しいものが決まっていることがほとんどです。

そのため、ややもするとこちらが販売の主導権を握ることができないような気がします。ですが、決してそんなことはありません。なぜなら**「目の前の人は、被保険者（保険のかかる人）」だとは限らない**からです。

つまり、どういうことかというと、**「目の前の人は、被保険者かもしれないし、払込み主（スポンサー）」かもしれない。**さらには、その人はダメでも「その背後の人」には売れるかもしれない、ということです。

たとえば平日の9時から15時のあいだに、銀行へ来る方の大半は仕事を引退したシニア層かもしれません。そのため窓口で保険を売る人は、口を揃えて、「貯蓄系は売れるけれど、保障系が売りにくいんです。だって大きな死亡保障が必要な人が少ないから」と言います。

しかしそれは、その目の前の人を「被保険者」としてだけ見ているからです。ダンス教室の例でお話ししたように、その人の子どもや孫が保険に入る可能性は大いにあります。「孫のために、毎月10万円ぐらい積み立てをしてやりたい。嫁いだ娘を貯蓄タイプの保険に入れてやりたい」と潜在的に考えているケースは案外多いものです。

でも目の前にいる人の体に保険をかけなければいけないという先入観があると、シニア層というだけで見込み客から除外してしまう。この思い込みを捨てて、ご家族について質問してみてください。

「息子さんは何をされているんですか。いまおいくつですか」

「28歳で、ずっと東京に行っていたんだけど、この春、こっちに帰ってきたんだよ」

「それはよかったですね。ご結婚されて？」

「そう、孫もできてさ。うるさいけどかわいいよ」

そんな方には、「お孫さんが入れる医療保険ができましたよ」と資料を見せれば興味津々。

いま目の前にいる人の背後にいる人たちのことを考えればいいのです。

お店に来ているお客様が60代の紳士であれば、年齢別の保険料表をお見せして、こんな話をしてはどうでしょう。


「お客様は62歳なので1万円の保険料になりますが、お子さんは28歳ですから3000円です。若いっていいですね、1万円のものが3000円で買えるんですから。28歳にもなると現金で3000円あげても喜ばないけれど、**3000円の保険にはそれ以上の価値がありますから**、この分のお金だけお客様が支払ってあげたらどうですか？ お手続きにはご本人の同意がいりますから、このパンフレットを持って帰って息子さんに見せてあげてください」

もしも息子さんご本人が来店されるようなら、追加で別の保険が売れるかもしれません。これがマーケティングです。目の前のお客様は、被保険者だけではない。ときにはスポンサーとして見てください。思い込みを捨てて、発想の転換をすることが重要です。

類似の商品も一緒に提案する

以前、保険ショップの方々150人ぐらいの前でお話しさせていただいたとき、こんな悩みを聞きました。

「『今日は学資保険を買おう』とか、『医療保険が欲しい』というように目的を持って来店された方には、それ以外の保険が売れないんです」

すでに述べたように、いまはゼロ金利の影響で、学資保険という名前のついた保険自体が少なくなりましたし、その増え方も小さくなりました。

でも、せっかくお客様が来てくださったのですから、できれば学資保険だけでなく、その代わりになる魅力的な商品も売りたい。しかしお客様は「学資保険を買おう」という目的を持って来られていますから、「学資保険はやめて、こちらをどうですか」というのもおかしな話です。

そこで私は、こんなふうにアドバイスしました。

お客様の欲しいものが決まっている場合は、まず素直に、その目的の商品について話をすることです。

そのうえで、これは保険の売り方全般に言えることですが、お客様が最も求めているものは何かを聞くことです。「学資保険をください」と言われると、学資保険をお売りするしかないと思ってしまいますが、突き詰めれば目的はお子さんの学費を確保することです。その目的を達成するものであれば、何も学資保険という名前がついていなくてもかまわないわけです。

「貯金という目的であるならば、類似商品に終身や養老という保険もありますよ」

という話をすると、別に保険の名前にこだわらなくてもいいんだなと気づかれるのです。

「これは人気がありますよ」「みなさん、それに興味をお持ちですよ」という話をすると、「じゃあ比べようか」ということになって学資保険以外の保険だって買ってくださいます。

お客様が「これを買おう」と決めて来店していても、よく話を聞けば、それ以外の保険が適切なケースも多いもの。「お客様が学資保険と言っているから、それ以外はダメ」と決めつけずに、まずはそのお客様の目的をよく聞くことです。

発想力が、売る力の決め手になる

研修やセミナーに来てくださっている保険営業の方々に私がよくするのが、大工さんや電気工事の職人さんの話です。

彼らは、何かひとつだけ道具を持てと言われると、さて、トンカチを持つのか、ペンチを持つのか、ドライバーを持つのか？　もちろん、いろいろな方がいると思いますが、マイナスドライバーを手にする方が多いそうです。なぜならプラスのネジをマイナスドライバーで締めることはできるけれど、プラスドライバーではマイナスのネジを回せないから。

それだけではありません。マイナスドライバーは木材などに線を引くこともできる。上下を逆に持つと、柄の部分でトンカチ代わりに釘の頭もたたける。カッターの代わりに紙を切ることもできる。テコの原理を使って、釘抜きにも使える。つまり、**1台で5役も6役も果たすのがマイナスドライバー**なのだというのです。

これは保険選びにも大事な発想ではないでしょうか。一般に、医療保険は病院代をカバーするためのものと思いがちです。しかし、医療保険で住宅ローン返済をカバーしてもいいし、お金が余れば、貯金しておけばいい。もらった給付金の使い途は自由なのですから、ひとつの保険で幾通りの使い方ができるか、そんな発想力が、保険営業には問われていると思います。

「医療保険はいらないという方はたくさんいらっしゃいます。そのほとんどの方が、病院代はそれほどかからないから、いらないとおっしゃる。でも住宅ローンを組まれているなら話は別ですよね。返済は待ってくれませんから」

病気で働けなくなったときの収入のカバーに使うという発想です。

「こういうものにも使えるんだ」という使い途を示してあげる。

料理人でも、その魚を刺身にするのか、ソテーにするのか、フライにするのか、いろいろな料理方法をひらめくシェフが、腕の立つシェフなのではないでしょうか。

このような提案は、インターネットモールでは教えてくれません。直接、人間が対面で行うコンサルティング・セールスこそが、保険営業パーソンにとって生き残る道です。発想力を磨くことを忘れないでほしいと思います。

見込み客を先入観で判断しない

前述のように私は、**「出会った人は全員お客様になる可能性がある」**という前提で行動していますが、保険営業パーソンのなかには、「この人は70歳近いから営業しても無駄」「この人は収入が少ないから」「この人は扶養家族がいないから」というように、お客様を先入観で判断してしまう人がいます。

しかしマーケティングにおいては、お客様を先入観で判断しないことが重要です。たとえば従来の保険営業では、収入の多くない専業主婦の方は、生命保険に入る必要はないというのが常識でした。

保険営業パーソンの中には、「主婦は保険に入らない人が多いから。入っても医療保険だけだろう」というように見向きもしない人もいます。

しかし私に言わせれば、まだしっかりした保険に入っていない専業主婦は、保険を提案しやすい方たちです。お伝えしたように、保険を売る難しさは、いま入っている保険をやめる「買い替え」にあるからです。それに多くの場合、家庭の財布を握っているのは主婦です。

ただし主婦である奥様の収入で家族が暮らしているわけではないため、ご本人も家族も保険の必要性を感じていらっしゃらない。そこでこんな話をすることがあります。

「私は保険の魅力には、2つあると思っています。ひとつは経済的な補塡。いままでと同じくらいの収入のレベルを保障する、経済的な現状維持です。

そしてもうひとつは精神的な補塡です。大事な人を失った精神的な喪失感は、もちろん保険では満たせません。でも幼少期に母親を亡くしたご家庭なら、お母さんと一緒に行った想い出のハワイへお子さんを毎年連れて行ってあげるとか、**お金にゆとりがあればこそ、叶えられることもあるのです**」

かつてこんな話をした結果、ある主婦の方は1000万円の死亡保障があり、貯蓄性もある生命保険に入っていただきました。

このように考えると、「○○な人に保険は売れない」というのは、単なるこちらの思い込みであることがほとんどです。繰り返しますが、保険は目の前の人の体にだけかけるものではありません。**目の前の人は、いろいろな顔があり、そして、たくさんの人とつながっている**のです。

私たちにとっては、あらゆる人が保険のお客様候補です。このことを忘れないでほしいと思います。

出会う人は全員、将来の見込み客

誰と会っても一言プラスする習慣をつける

もうおわかりのように、**私たちの仕事は知り合いを増やし続ける必要があります。**そこで習いごとをしたり、紹介をしてもらったりするわけですが、それだけでは生保営業パーソンとしては、まだまだ不充分です。

そこで私は仕事以外の場面でも、とにかく人と会ったときは、必要最小限の会話で済ませるのではなく、できれば**ちょっと気の利いた一言をプラスすることを習慣にしています。**釣り針の「かえし」のように、ちょっとした引っかかりをつくることで自分を印象づけるのです。まずは顔さえ覚えてもらえればいいので、名刺を渡したりする必要はありません。

たとえば空のグラスに水を注いでくれた喫茶店のウエイトレスさんには、「よく気がついてくれました。ありがとうございます」と一言プラスします。

接客業の人たちは、１日に何十人という人を接客していますが、「よく気がついてくれました」と一言プラスしてくれる人はあまりいないはずですから、あなたにちょっといい印象を抱くはずです。

あるいは喫茶店で長居をしてしまったら、帰り際に、

「今日は長い時間使わせていただいて、どうもありがとうございました」

という一言を添える。それまでは内心、「あの人、いつまでいるんだろう」と思われていたかもしれませんが、逆にその一言で、「あっ、いい人だったんだ。何をしている人なんだろう」という関心に変わったりします。

そのようにして何度もそのお店を利用するうちに、世間話をするようになり、やがて「何のお仕事をされているんですか？」という質問となって、「保険の営業です。保険以外のことでも、お金まわりのことで何かお聞きになりたいことがあれば、いつでもご連絡ください」という展開になるというわけです。

意識して一言プラスするのは、最初は照れ臭いかもしれません。しかしだんだん自然にできるようになってきます。いまの私は、人の顔を見るともう勝手に言葉が出てきます。

観光客に道を聞かれても、教えたあとに「良い想い出をいっぱい、つくってください」と一言添えてしまう。観光客が保険のお客様になってくれる確率はまずないのですが、もう癖になっているのです。

とにかく、誰と会っても一言添える。そうやって顔見知りをたくさんつくり続けてください。保険営業たる者、**いつなんどきでも、自分の通った場所にはすべて自分の歩いた跡を残し、自分の印象を置いていくべし。**そうすれば見込み客は常に増え続けていきます。

がん保険のエピソード

保険営業を20年やっていると、本当に病気になる方も大勢いらっしゃいます。

数年前から、乳房再建術に健康保険が利くようになりましたが、それまでは乳房再建には健康保険が利きませんでした。たとえば乳がんで切除した乳房を再建するのに、片胸で150万円〜250万円と言われていたのです。ですからもし両方の胸を切除されると、再建にだいたい300〜500万円かかるので、金銭的な負担が大きいのが問題となっていました。

私のお客様で、実際乳がんになられた方がいます。私はもともと、がんになったらまとめて保険金が出る保険が好きだったので、その方に、がんになったら1000万円出る保険を提案しました。なおかつ、貯蓄にもなるタイプなので、もし病気にならなければ払ったお金の8割9割ぐらい貯まるという保険でした。

その方は、最初のうち、「いらないわよ」と言われたのですが、私はこの保険がすごくいい保険だという確信があったので、

……………………

「まあ、入っておいてください。治療費だけなら医療保険に入れば済みますが、女性の方は乳がんになる方も非常に多い。もし乳房切除をされた場合、がんは治っても乳房再建をしないと、女性としてのアイデンティティが失われてしまったように感じる人もいるそうですから」

1日1万円出る医療保険があれば、病院代は賄《まかな》えるでしょう。私は男性ですから想像するしかできませんが、病気さえ治ればそれでいいわけではないと考えたのです。

その後、その女性が保険に入って1年半くらい経ったときでしょうか、乳がんになられ

たと聞いたときは私も本当にショックでした。1000万円というお金はすぐに交付されましたが、私にできることは、「何かあったらおっしゃってください」と言うことだけでした。

それからまた1年と少し経ったとき、その方から電話があり、ご自宅に呼んでくださいました。するとその方が、

「井上さん、私の病気との闘いがやっと終わったの」

と言ってくださった。やはり自分の納得のいくような乳房再建手術は片胸200万円くらいかかり、両胸で400～500万円必要だったそうです。

「500万円かけて乳房再建をしたことで、前を向いて過ごせるようになった。乳房を失ったことによって、女性としてのアイデンティティを失ったような気がしていたけれど、再建できたことで、改めて女性として生きるということに向き合えた。井上さんが勧めてくれなければ、私は仮にがんになったって100万円出れば大丈夫だと思っていた。男性のあなたがわかるはずもないのに、もし乳がんになったらという話をして、1000万円の保険に入ったけど、まさか自分がそんな目に遭うとはまったく想像していなかった。も

し乳房の再建ができなければ、私のがんという病との闘いは一生終わらなかったと思う。だから私は自分のまわりの大切な女性たちに、私が入ったのと同じがん保険を教えてあげようと思っています。ありがとう」とおっしゃったのです。その方が紹介してくださった方の数は100人を超えています。

また別の方がおっしゃったのは、

「〝すっかり忘れてたけど、そういえば8年前、がんだったな〟と思えたときが病気との闘いの終わりだ」

という言葉です。

つまり、「病気との闘いは、手術では終わらない。病気になったことを忘れて生活ができたときに病気が終わるんだ」

とおっしゃったのです。

じゃあどうすれば病気になったことを忘れて生活ができるのかというと、少なくとも経済的な不安から解放されることではないでしょうか。どんな治療を受けることになったとしても、私には手元にお金が1000万円あるから大丈夫だと思えれば随分違うはずです。

「入院すると1日1万円出る」と言われても、通帳に残高がなければ安心しきれない。だから、キャッシュで1000万円もらえるような保険の果たす役割は大きい。

保険営業は、保険を売って終わりではありません。保険の果たす役割、そのときどうあれば安心できるのかを理解した上で売ることが求められているのではないでしょうか。

売れるコツ 40

知り合いにアポをとるときは

本章で述べたように、私たちは常に新しい知り合いを増やし続けることを心がけるべきです。しかしまだこの仕事を始めて間もないときは、知り合いの蓄積がありませんから、個人的な知り合いにアポをとるしかありません。

私もこの業界に入ったばかりのころは、学生時代の友人、銀行員時代の同僚や取引先に連絡をとって、保険の話をさせてもらっていました。

知り合いに保険の話をすることを、「かっこ悪い」とか「申し訳ない」と思う人もいるかもしれません。しかしよく考えてみれば、知り合いに保険の話をするのは、悪いことではありません。悪いのは、知り合いであることに甘えて、相手がいらないと言っているのにしつこく売り込むことなのです。したがって私は親しい友人にアポをとるときは、こんなふうに約束することにしました。

「1回だけ話を聞いてほしい。断られたら潔くあきらめる。深追いはしない。約束は守る」

相手が怖いのは、断ったにもかかわらずしつこくされることです。ということは逆に、**「断られたら潔くあきらめる」と約束することで、話を聞いてもらえる確率が高くなる**のです。

ちなみに、しばらく会っていない昔の知り合いにアポをとるときは、単刀直入に目的を告げるほうがいいでしょう。

「久しぶり、元気?」から始まって、近況報告や共通の知人のウワサなどでひとしきり盛り上がったあと、「実はいま、保険のセールスをやっていて……」と切り出すと、相手は「久しぶりに連絡してきたと思ったら、それが目的だったのか。楽しくしゃべった時間を返してくれよ」という白けた気分になってしまいます。それを避けるには、**すぐに「実は保険会社に転職してさ」というように、目的を明かすこと**です。そうすれば相手はだまされたような気にならずにすむでしょう。

売れるコツ 41

知り合いのリストは親しくないほうから当たる

まだほとんど知り合いのいなかった私の新人時代の話です。

最初に会社から、「見込み客のリストを100人分つくりなさい」と言われました。ところが名前が浮かぶのは、せいぜい50人か60人くらい。しかしそれではリストが埋まりませんから、残りは前職で名刺交換をしたことがある、という程度の人たちを拾いあげて必死で100人分のリストをつくったのです。

実際に営業を始めるのに、私はリストの1行目に書いた親友を最初に訪ねました。前々から、「試験に合格して、保険の提案ができるようになったら話を聞いてくれよ」と話をしてあったからです。彼も「おう、真っ先に俺のところへ来いよ」と言ってくれていました。ところがいよいよアポをとろうとすると、

「ああ、いいよ……」

と、彼のテンションが少し低いのです。なんだか気になったものの、「まさか、迷惑だ

なんてことはないだろう。真っ先に俺のところへ来いと言ってくれたのだから」と気を取り直して、彼の家を訪ねました。すると玄関先に出てきた彼がこう言うではありませんか。

「お前、本当に来たのか」

「来るよ、だって約束したんだから」

「参ったな。社交辞令で言っただけなのに」

これには私もかなりショックを受けてしまい、立ち直るまでに相当時間がかかりました。

「いちばん親しい人に営業してダメなら、あまり親しくない人ならもっとダメに決まっている」と思うと、見込み客リストの上位ベスト10にすら、アポがとれなくなってしまったのです。

しかしいまにして思えば、自分と親しい人が必ずしも保険を必要としているとは限らないのですから、「親しい人なら保険を買ってくれるだろう」と思うのは、大きな勘違いでした。

そこで私は逆に、リストの下のほう（100番）の、**あまり顔も覚えていないような人から順番に連絡することにしました。**すると、これが案外うまくいったのです。

「実は名刺が新しくなりましたので、ご挨拶だけでもさせていただこうと思い、ご連絡しました」

とサラっと電話をする。**相手もしがらみがありませんから、いやなら断ればいいやと思って気軽に会ってくれる。**だからこそうまくいったのでしょう。名刺交換をしたことがある程度の関係の方が、私の記念すべき契約第1号と第2号になってくれたのでした。

売れるコツ 42

家系図を書くことで、ご家族全員をお客様にする

本書では、「目の前にいるその人だけがお客様だと思ってはいけない。その人とつながっている家族や友人・知人も含めて、自分のお客様なのだ」ということを繰り返し述べてきました。私は1人の人と知り合ったら、その方の配偶者、お子様、親御様、義理の父母、祖父母、兄弟もひっくるめて全員を自分のお客様にしたいと考えています。そうすれば1人との出会いが何10倍にもなるのです。

もっとも知り合って間もない人に、「家族構成はどうなっていますか」としつこく聞く

のは、あまり感じのいいものではありません。

そこで保険営業ならではの、家族関係を早く知る方法があります。それは「万が一のときに保険金を受け取れるのは誰か」という話をしながら家系図を書くことです。

「万が一のときは、配偶者を受取人に指定することができます。お子様はいらっしゃいます？　お子様も指定できますよ。お父様、お母様はお元気ですか？　ご両親も受取人にできますよ」

と話を聞きながら家系図を書いていけば、きわめて自然にその人の家族関係を把握できるというわけです。

売れるコツ 43

釣った魚にエサをやれ

「釣った魚にエサをやらない」

この言葉は、男女のつきあいの移《うつ》ろいを語るときによく使われます。つきあうまではマメにプレゼントをしたり、食事に行ったりするのに、いざつきあい始めたら手のひらを返したように粗雑な扱いになってしまう。これはつきあうということがゴールになっていたため、本当に交際が始まると急に熱意を失ってしまうのが原因だと思います。

保険営業にも、似たようなところがないでしょうか。契約というゴールを達成してしまうと、あとは相手に急速に興味を失い、つきあいがおざなりになってしまう人をよく目にします。

この世界では、「釣った魚にこそ、おいしいエサをたっぷりやる」べきです。

見込み客にプレゼントをする人はたくさんいます。しかし、見込み客にする贈り物は下心が透けてみえるし、もらった相手も「契約しないと悪いかな」と負担に思ってしまうでしょう。それより私は贈り物をするなら、契約してくださっている方にこそすべきだという考えです。

プレゼントは「あなたのことを思っています」という気持ちを「見える化」することです。何も形あるものでなくてもよいのです。お誕生日のバースデーコール一本、結婚記念日のお祝いの葉書一枚。届けたいのは「心」なのですから。

大切なのは、それらを続けること。**継続できる人に運命は開きます。**

特典「つかみトーク集」

つかみトーク01

『営業マンシップにのっとり……選手宣誓』

――こちらの「人となり」を知らない初対面のお客様に

《要点》 **私はアプローチ段階で、保険に関する自分の考え方を真っ先にお話しします。これまで度々述べましたが、復習も兼ねて再掲します。**

《トーク例》「昔、〝火事太り〟なんて言葉があったのをご存知でしょうか。火災に遭った家が大勢の人から火事見舞いをもらい、そのおかげで火事になる前より立派な家が建ったというような意味です。それと同じように〝保険太り〟をする方もいます。病気になって、病院に5万円しか払っていないのに保険会社から100万円もらった。このお金で旅行に行こう、という冗談のようなケースもあります。

でもそこまで保険が下りるということは、毎月の支払額もかなりのものだということです。私は保険を売る人ですから、もちろん保険を買ってほしいと思っています。**ただ、買**

いすぎるのはどうかと思います。

たとえば毎月30万円のご主人のお給料で生活をしている人が、ご主人が亡くなった途端、毎月50万円の生活をするようになるのはおかしいんじゃないでしょうか。

ただ世の中を見渡すと、下りるお金は多ければ多いほどいいという方も多い。確かにお金ですからそれは言えるんですが、その大は小を兼ねるという理論を保険に求めると、〝保険貧乏〟になってしまうんです。保険代を払うために働いているみたい、とこぼされる方もいるくらいです。保険会社はたくさん保険を買っていただくとありがたいでしょうが、**でも適量というんですか、適切な金額でいいんじゃないでしょうか。**

じゃあその適量というのはどれぐらいかというと、亡くなったときの保険であれば、みんなが元気で生活をしていたときと『ほぼ同じ暮らし』が維持できるくらいでいいと思います。

私はいつも思うのですが、**なぜ生命保険というものが存在するのかというと、経済的な現状維持のためでしょう。**一家の大黒柱が亡くなると、大きく分けて2つの不安を抱えることになります。精神的な不安と経済的な不安。いくら保険をかけていても、大切な家族を失った心の穴は、保険で埋めることは不可能です。残された家族は、少なくとも経済的な不安だけでも払拭する必要性があるでしょう。**逆に保険で解決できるのはそこしかありません**」

いちばんはじめの「つかみ」で、私はこんなことをしゃべります。お客様は、初対面で「いまからこの人はどんな話をするのだろう」というふうに、じーっと様子を見られているわけですが、聞き終わると、「この人は過剰な保険を売ろうという人ではない」と理解してくださる。「それならこれから本題を30分聞いても、我が家の家計から5万円も10万円も持っていくことはないだろう」と安心して話を聞いてもらえるというわけです。

つかみトーク 02

『保険は2種類しかありません』

――初対面のお客様へ口火を切るトーク

《トーク例》「○○さん、保険って、大きく分けると結局、貯蓄タイプと掛け捨てタイプの2種類しかないんです。保険会社はたくさんあるし、商品も何千とありますが、結局、最後に払ったお金が返ってくる保険か、返ってこない保険かの2択なんです。

こういうと5分で話が終わってしまうぐらい単純ですけど、**でも5分というわけにはいかないので、20~30分だけちょっとお話を広げますね**」

お客様は、保険のセールスを「面白くないはず」と考えています。だからこそ、最低限のスベらない会話をするだけで場が和むのです。うまく話す必要はありません。流暢すぎる人は、お客様が売り込まれると感じるので「わざと噛む」くらいでちょうどいいでしょう。

つかみトーク03

『2つの保険』

「保険は難しいもの」と思い込んでいるお客様に

《要点》いわゆるカタカナ生保の先駆者であるS生命やP生命の社員のあいだでは、「3つの保険」という有名な話があります。保険の種類はたくさんあるけれど、結局3つに集約できるという話です。私はそれをさらに掘り下げて、「3つの保険というけれど、よく考えてみたら2つに集約できる」という話をします。

《トーク例》「保険会社は現在日本に45社くらいあります。45の保険会社が、1社平均でおよそ40の商品をつくっています。45社に40を掛けると1800ですから、日本には1800の商品があるということになります。これでは区別できるわけがない。ですからお客様は保険は難しいと感じるのです。

でも1800種類の商品をよく見ると、3つのうちのどれかにあてはまるんです。では

3つの保険って何かというと、定期、養老、終身です。生命保険の種類はこの3つしか世の中にない。どれに入ったって、亡くなられたら保険金は出ます。

実はこの定期、養老、終身も、突き詰めると2種類なのです。**保障タイプの定期と貯蓄タイプの養老です。**本当は、養老と終身は同じもので、「養老の超ロングバージョン」を終身という名前で売っているだけです。

60歳満期で1000万円の養老保険を組むと、60歳までに亡くなれば1000万円もらえます。でも亡くならずに、60歳を迎えると満期で1000万円出る。どちらに転んでも1000万円もらえます。

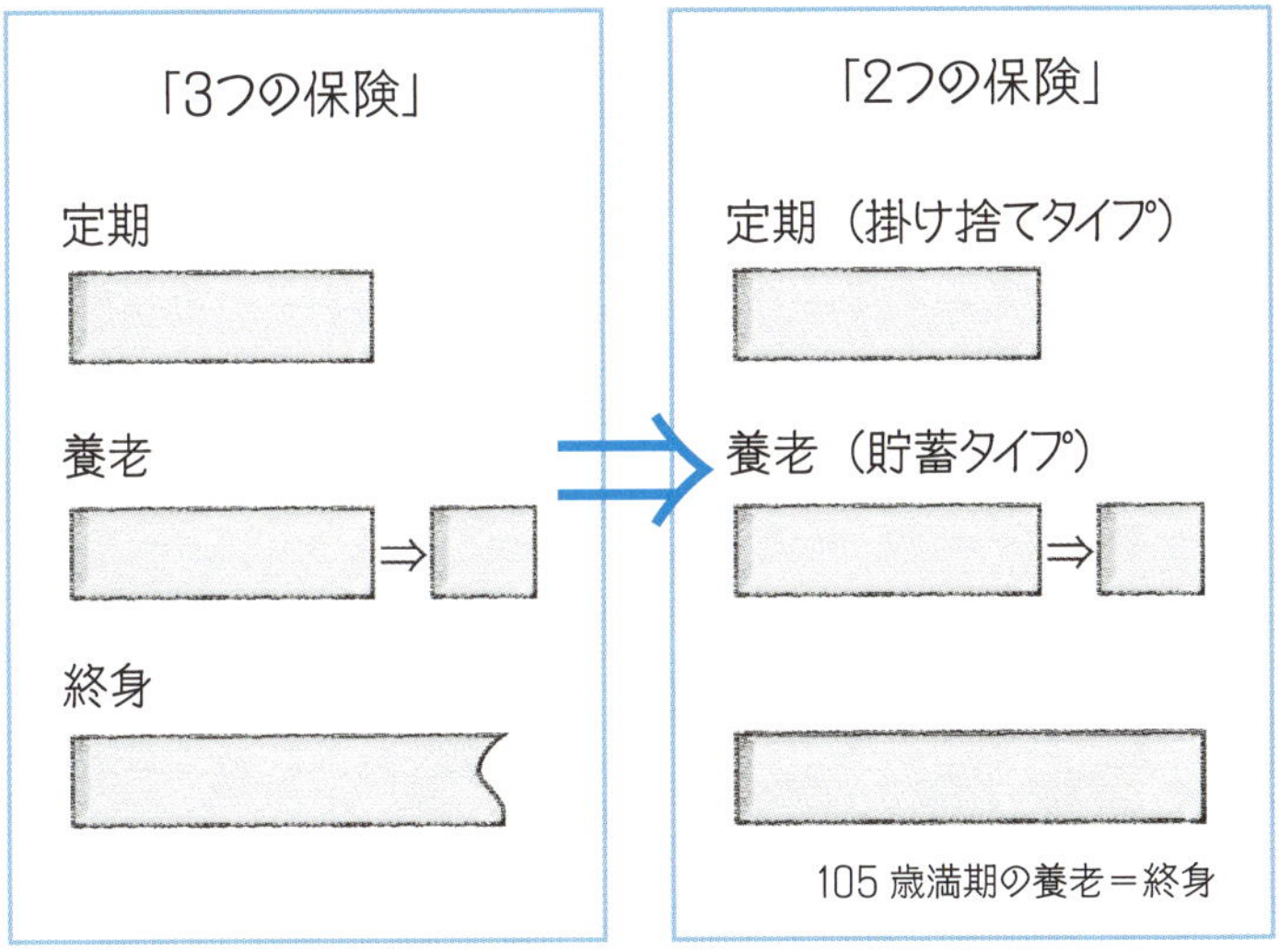

では終身とは何かというと、実質１０５歳満期の養老のことです。これを終身という名前で売っている。名前が変わるだけなのです。つまり終身の保険は１０５歳になると、亡くならなくても１０００万円貯まるというだけです」

この話をすると、お客様の、「保険って、なんかたくさんあって、ごちゃごちゃしていて、難しいもの」という先入観が消えます。

つかみトーク04

『貯金は三角、保険は四角』

――「貯金は好きだけど、保険は好きでない」タイプの方へ

《要点》保険の話をわかりやすくする方法のひとつに、最初にキャッチーなキーワードで心をつかむ話し方があります。お客様は「ん？　それってどういうこと？」と好奇心を持たれたあとは、説明を聞くのが苦になりません。そういう定番のトークのひとつに、「貯金は三角、保険は四角」というトークがあります。「貯金になる保険があります」という内容ですから、「個人年金より面白いかも」と関心を持っていただける内容です。

《トーク例》「私がすごく気に入っている考え方に、『貯金は三角、保険は四角』というものがあります。ちょっとそれを聞いてほしいんです。

いま、〇〇さんが30歳だとすると、60歳になるまで一定額を貯金していくと、残高は右肩上がりに増えていきますね。グラフにすると、直角三角形の直角の部分を右下に置いた

ような形になるわけです。もし60歳になる前に亡くなったら、それ以上三角形が大きくなることはない。つまり、貯金は常に貯めた分しか貯まりません。

一方保険は、今日何かあっても、１０００万円などという保険金が出ます。上にもう一個三角形が乗っている形だから、２つ合わせると四角形になるんです。

保険でも、貯蓄タイプの保険に入ると、同じようにお金が貯まる効果があります。保険会社の商品ですが、三角形の形をしているのが個人年金といわれるものです。終身保険と言われるものは四角形です。

どちらもお金が貯まる効果があります。ただ終身保険の場合は保険なので、もし途中で亡く

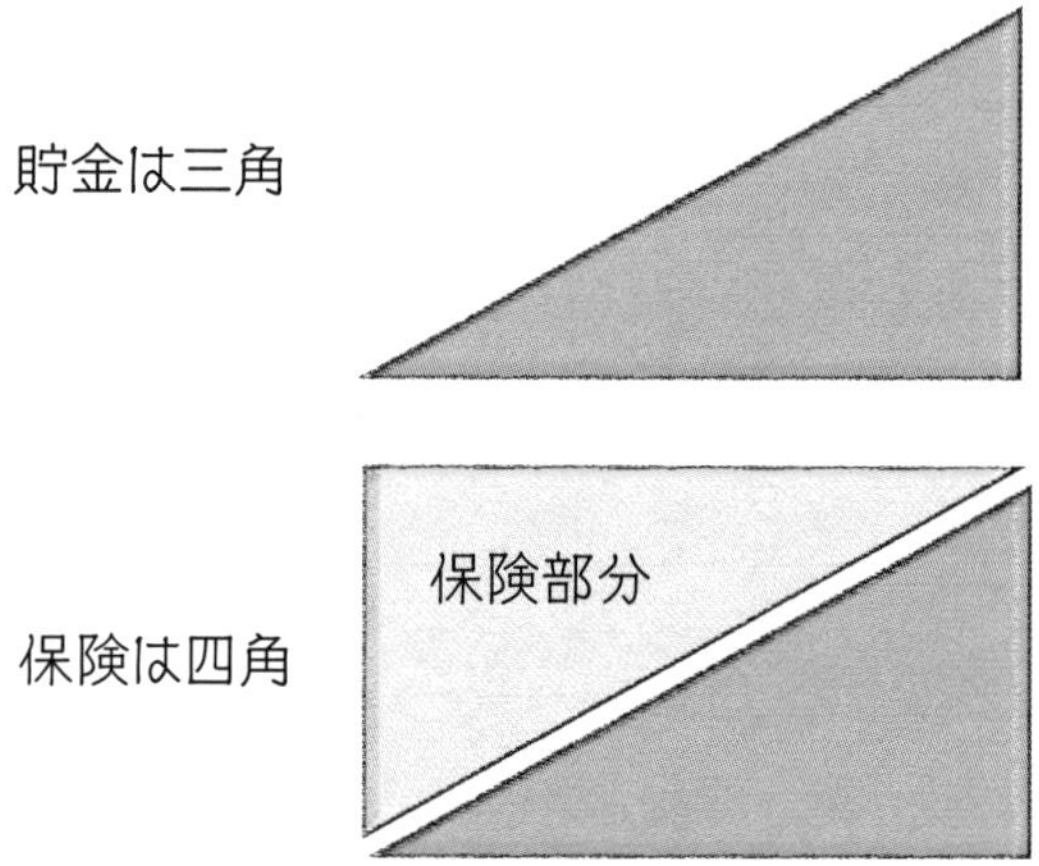

なっても、常にこの１０００万円の保険金が出ます。
ですから、どうせなら終身保険を買っておくと、保険でもあり貯蓄性もあるから、途中で何かあっても１０００万円の保険金が下りるし、ちゃんとお金も貯まっていく。同じ毎月１万円出すなら、私は四角形を選びますね」

文房具店に行くと、直角三角形の定規が売っています。これを使って図を描きながら説明すると、より伝わりやすくなります。

つかみトーク
05

『保険料は面積で決まる』

――更新タイプや収入保障タイプなどを勧める決めトーク

《要点》**誰だって、毎月の保険料は少しでも抑えたいと思うもの。保険料のカラクリを図解すると、お客様の保険に対する難しそうなイメージがとれて、好奇心に変わります。**

《トーク例》「保険料はキホン、面積で決まります。Ⓐタテ長の四角形、Ⓑヨコ長の四角形、はたまたⒸ三角形、あなたはどれを選びますか」

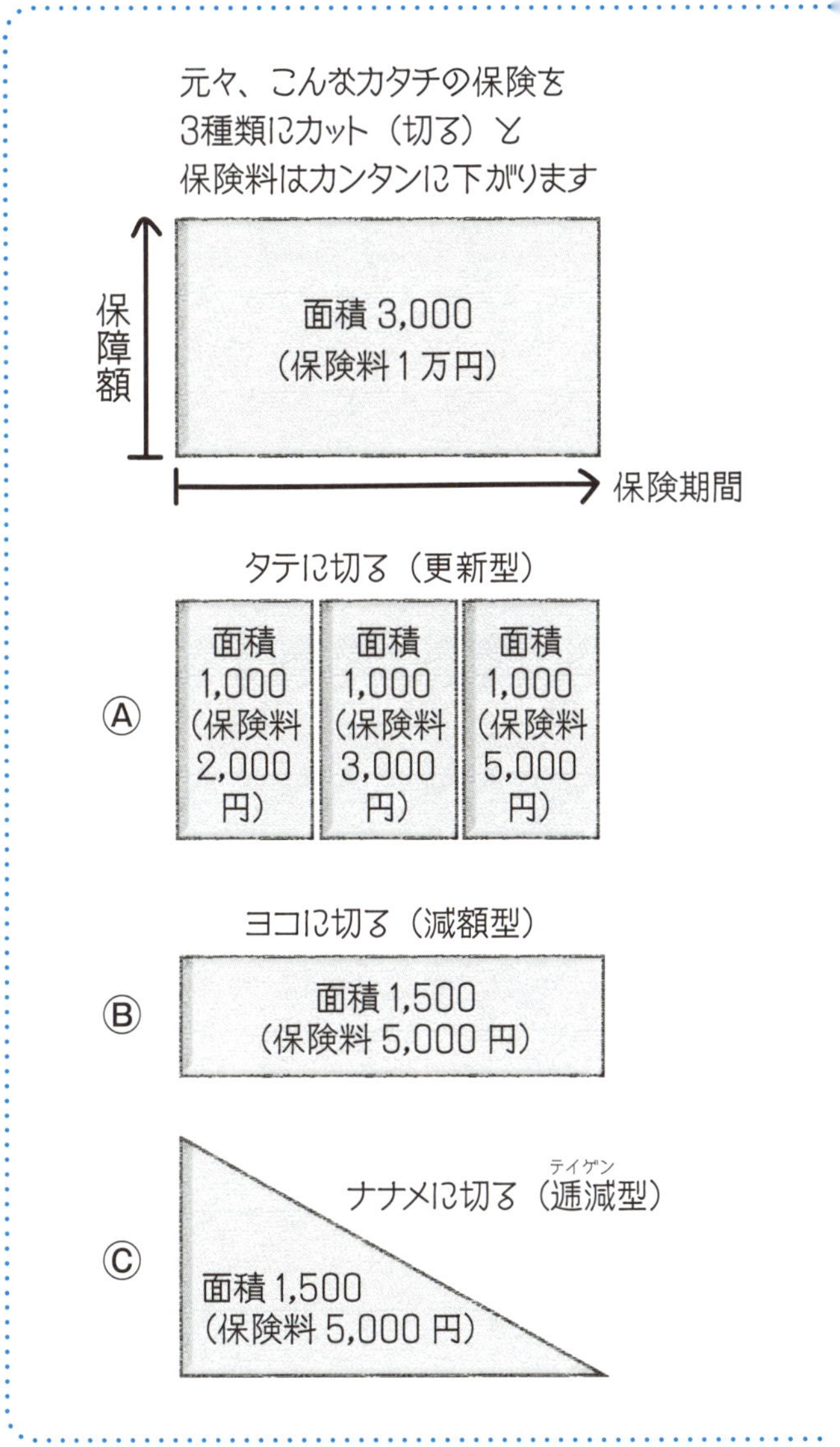

こうお話しすると、お客様は「自分の入っている保険が、どれなんだろう?」と気になりはじめます。

誘い水トーク 01

『貯金に保険がかけられるんですよ』

——独身の方への誘い水

《要点》独身の方は、原則、保険（死亡保障）はいらないと考えています。そこで、「お金も貯まる保険って、ご興味ありますか」などと言って、保険の持つもうひとつの魅力である「貯蓄性」や「運用」にフォーカスします。

《トーク例》お客様「万が一、俺がいま死んだって誰かにお金を残さなくていいから、保険はいらないよ」

「意外と独身の人でも、保険会社の商品を一生懸命探されているんですよ。でもそれは亡くなったときの保険金が目的じゃないんです。**彼らが狙っているのは、高い貯蓄性です。**保険なら利率3~10%が期待できるような商品もありますから、長期的な運用という意味合いで保険会社の商品を検討されているんですね。

これはいまのゼロ金利の影響でしょうね。銀行に預けても０・００１％程度の金利しかつかないけれど、保険会社の商品を探せばずいぶん高い利率が期待できる商品がありますから。保障がほしいというよりも、いい運用を求めていろいろ探しているうちに、保険会社にたどり着いたという方が多くいらっしゃいます。

それくらい若い人たちは、賢いし勉強されています。私たちにとってはやりにくい時代になったんですけどね（笑）」

こうお話しすると、お客様は「あ、そうなんだ。保険って資産運用にもなるんだな」と興味を持たれます。

誘い水トーク02

『保険は人の為ならず』

――独身の方への誘い水

《トーク例》「保険って、誰かにお金を残すために入るものというイメージがありますよね。でも今日は**あなたが、あなたのために保険をかけて、あなたがお金を受け取る話をします。**

保険には受取人というのがありますが、受取人は大きく分けて2つあります。自分が受取人か、他人が受取人かの2つです。

たとえば医療保険は、自分が受取人の典型ですね。また、養老保険や終身保険は、満期や、将来解約したら、もちろん自分が受け取れます。ただし、保険会社の商品なので、もれなく死亡保障がついていますから、本人に万が一のことがあれば、受取人は他人（ご家族）になります。

こうお話しすると、お客様は「自分のために保険に入るという発想はなかったなぁ」と思われます。同意してもらえれば、医療保険や貯蓄性のある保険の説明へと入っていきます。

誘い水トーク
03

『ご主人、奥様がこんなに綺麗なら、保険はいりません』

——DINKSなど、保険の必要性をあまり感じていない方へ

《要点》既婚でお子さまのいない方であれば、共働きの場合が多いものです。こんなときは奥様にストレートに聞きます。人間の「あまのじゃく」な心理を突いたトークです。

《トーク例》あなた「結婚してまだ1年、新婚さんですね。ところで、いまご主人が事故で急に天国に旅立たれた場合、一生喪に服して生きますか？」

奥様「いいえ、再婚するかな（笑）」

あなた「わかりました。じゃあ基本的に生命保険はいりませんね。医療保険だけ組んで、死亡保障はゼロでいきましょう」

ご主人「いや、ゼロはまずいでしょう」

あなた「だって、奥様がこれだけお綺麗ならすぐ再婚されてしまうでしょう」

奥様「あら、そうかしら（まんざらでもない）」
あなた「そうですよ、死亡保障はいりませんね（と言いながらパンフレットをカバンにしまうような、ちょっとしたパフォーマンスを見せる）」
ご夫婦「（やっぱり保険に入っておいたほうがいいのかも）」

人間は、「いりませんよね」と言われると欲しくなるものです。逆に悪い例は、「結婚されたんでしょう。結婚したということは、この方に一生責任があるということです。何かあったらどうしますか。1億は必要ですよ」と脅すこと。こうなると奥様は、「強引な営業マンから夫を守らなければ」と思ってかえってガードが固くなります。保障の重要性を説けば説くほど、人はいらないと思うこともあるのです。

誘い水トーク
04

『家はお金を借りて建てるもの。学資は貯めて払うもの。それだけが正解でしょうか？』

──新居を構え、子どもの生まれた夫婦向け

《要点》保障が必要なのは、ご本人たちがいちばんわかっておられます。家族が増えて支出がかさむときですので、上手に保険に入って、少しでも家計の負担にならないようにしましょう、と切り出します。高額な保険を勧められると思っているお客様の意表を突きます。

《トーク例》「お子さんが生まれたということは、責任が重くのしかかると同時に、いままでにないお金がたくさん出ていきます。保険代もそうですけど、とにかく5000円でも1万円でも無駄なお金はカットすることを考えることが大事です。子どもはどんどん大きくなりますから、予定外の出費も増えていきます。だから**保険もよく考えて、本当に要るものだけを買うようにしましょう**」

こういう話をすると、お客様は「合理的でいい保険を提案してくれそうだ」という期待感を持たれます。新居を構え、子どもも生まれれば、買い揃えなければいけないものもたくさんあるでしょう。「これだけお金がいるのに、保険まで？」と思っているはずです。それを口に出して言ってあげると、「そうなのよ」と共感を得られる。子どもが生まれたら、即、学資保険スタート。そんな固定観念にメスを入れてみる。これが価値観のチューニングということです。

誘い水トーク
05

『奥様の団信加入は、お済みですか？』

――住宅ローンを返済中で奥様も働いていらっしゃるご家庭へ

《トーク例》あなた「たとえばご主人様が住宅ローンを借りて、返済の途中で亡くなってしまわれたら、専業主婦の奥様は住宅ローンを返せなくなってしまいます。ですから銀行は住宅ローンを組むとき、銀行の費用負担でご主人様に保険をかけて、もしもの場合、住宅ローンを保険金で完済するというシステムになっています。これが「団体信用生命保険」、略して「団信」というものです。ただ、このシステムは少し不十分なところもあって、いまどきのご夫婦はほとんどの方が、奥様も何らかのお仕事をされています。

奥様も家計を担っているのですが、通常、団信にはご主人様1人しか加入していません。ということは、もし奥様にもしものことがあったら、ご主人様だけではローンが払えず経済的に大ピンチになってしまうのです。ですから奥様にも団信をかけたい方が多い。ただ銀行は原則、ご主人様1人しか加入させてくれませんから、奥様には、民間の保険会社で団信代わりの保険を買う方がたくさんいらっしゃいます。
これはだいたい月額で有料テレビ放送の料金ぐらいです。つまり2500円ぐらい。あのー、〇〇さん、有料テレビ放送の関係者じゃありませんか？」
ご主人「違いますよ（笑）」
あなた「ああ、よかった。有料テレビ放送はしばらく見られなくても我慢できるかもしれないけれど、奥様がいなくなって、団信がないとなると、このマンションに住み続けることができなくなりますよね。しばらくのあいだは有料テレビ放送を我慢して、その浮いたお金で民間の団信に入りませんか？」
奥様「（私が家事育児をしながら働いている価値を認めてくれた。嬉しい）井上さんの言うことなら、2500円ぐらい、入っときましょうよ」

奥様というブルーオーシャン市場へ保険を勧めるコツ。「奥様にも3000万円の死亡保障がいりますよね」と言ってしまうと、「私はいらないわよ」と一蹴されますが、「団信は必要ですよね」と言うと、「いる」と言われる。これもちょっとした言葉の使い分けです。

誘い水トーク 06

『プロとして、私だったら、保険はこう買います』

――老若男女、あらゆる人への定番トーク

《要点》 お客様がいちばん知りたいのは、プロが売りたい保険ではなく、「プロが入りたい保険」かもしれません。

当たり前ですが、私も生命保険をはじめ、各種の保険に入っています。保険のプロである私が、自分が保険に入るときに「重視する基準」をお話しすると、みなさん興味津々です。ご自分の体験として、「プロだからわかる賢い保険の入り方」を話してみてはいかがでしょうか。

ちなみに、私の場合は、保険は、いつまで（ヨコ＝期間〈Term〉）より、いくら（タテ＝保障額〈Sum insured〉）にこだわる、ということを伝えます。

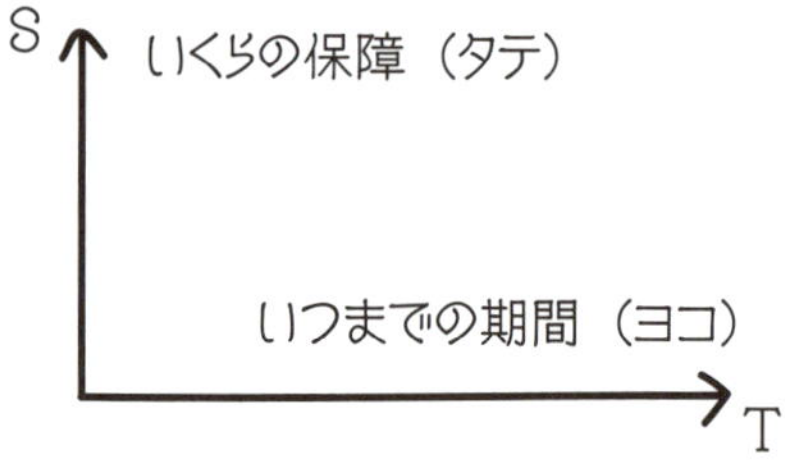

保険は、いくらの保障（タテ）をいつまでの期間（ヨコ）必要かで決まりますが、このうち、健康を崩せば後で増やせないのは「タテ」です。横を伸ばすのはそう難しくはありません。だからとにかくタテにこだわる。それが大切なんですと伝えます。

《トーク例》「私の場合、とにかく保険を知れば知るほどわかったことは、買いたいときに買えないということです。若いときは、保険料も安いし、入ろうと思えば、いくらでも保険に入れるんです。しかしだんだん年をとって、体に悪いところが出てくると、保険料は高くなっているし、場合によっては加入を断られてしまう。

だから、**若いときに枠（タテ＝保障）だけはとっておくべきだ**と思いました。自分の給与も低いから、保険料はあまりたくさん払えないけれど、「枠」だけは確保しておく。いろいろな条件はあとで変更すればいいということです。

たとえば私に何かあったらいまは、5000万円出る代わり、10年間の限定しかない保険に入る。でもその5000万円の枠を持っておけば、多くの保険会社で、期間を延ばしたり（更新）、無診査で入り直す（変換）ことができます。

この切り替えができるという制度を知ったとき、「最初から高い保険を買わなくていい」

と思ったので、当時、私は安い保障型の保険で、5000万円くらいのものをドンと買いました。

そうすると30〜40代になって、「最近血圧が高いよ」と言われるようになっても、最初に枠を確保してありますから安心です。保障額を大きくするときは、診査や告知書の提出がいりますが、期間を延ばしたり、貯蓄型に変えたりすることは割と、容易だからです」

（お客様「そうなの？　知らなかった」）

「そうでしょう？　これを知ったときに、私はこれでいこう！　と思いました。掛け捨て型で、とにかく枠を大きく買っておき、**少しずつ貯蓄型の保険にシフトしていくことにしました。**もし亡くなってしまったら5000万円が出るという機能は一緒ですが、亡くならずに60歳になったときにはお金が貯まっているタイプの保険に少しずつ変えていったのです。

若いときに大きな枠をとっておくこと。これも賢い保険の買い方のひとつです」

病気になってから保障を増やすことはできませんが、若くて健康なうちに死亡保障を先に買っておけば、あとで保険期間を延ばしたり、無診査で入り直しをしたりすることができますよ」と一言、言ってあげると、お客様は、「それならいま入ろうか」と思うものです。「あとで切り替えができますよ」と伝えることは大事です。

誘い水トーク
07

『家電といっしょで、買い換えたほうが、エコな場合もあります』

――「保険の買い替えは高くなる」と思っている方へ

《要点》 私は営業をしていていつも思うのですが、私が提案する保険に興味を持たれる方はたくさんいます。これはみなさんが「新しいものはいいものだ」ということがわかっているからでしょう。家電も携帯電話も1年に1回くらいモデルチェンジしますが、そのたびに細かく改良が加えられている。保険も同じで、「新しく出た商品は、何かしらの点で必ず前の商品より優れているはずだ」という前提があるのでしょう。

しかし新製品は値段が高いのが難点です。保険と家電が違うところは、買う人の年齢によって値段が違うこと。10年前ならもっと安く買えたものが、自分が年を重ねれば同じものを買うのでも値段は高くなる。これは保険を買う人の常識です。私はいつも、その常識にメスを入れます。

このトークは、医療保険の買い替えなどで、「案外、値段がそう変わらず、よい保障に

替えられるかもしれませんよ」と伝えるものです。

《トーク例》「家電製品って、新しいほうが確かに性能はいいですよね。そのぶん値段が高いこともありますけど、たとえばノートパソコンは、そこそこのものを買おうと思えば、10年前なら20万円はしましたよ。でもいまはそれなりのものが10万円くらいからありますし、20万円も出せば、同じノートパソコンでも昔より相当良いスペックのものが買えます。保険も似たところがあって、10年前の医療保険を買い替えると、そう変わらない値段で、いい内容のものにできることがあるんです。

理由は大きく分けて2つあります。ひとつは競争です。保険会社間の競争が激化したので、**企業努力によりコストが下がっていること。**

もうひとつは、過去の統計、ビッグデータを分析し直すと、「人間は思ったより元気だ」ということがわかってきたんです。**保険会社が予想していたよりもみんな元気なので、だんだん値段が下げられる傾向にあります。**これが長寿大国、日本の特徴です。

というわけで、確かに年齢を重ねるごとに保険の値段が高くなるという事実はありますが、企業努力とビッグデータの堆積によって、年齢がアップした状況で入り直しても、同じくらいの値段で内容がよくなるということも起こりうるんですよ」

こんな話をすると、大半のお客様は「ふーん、そうなんだ。確かに、エアコンなどのエコ家電は、長い目で見れば、買い換えたほうが得だったりもするよなぁ。話だけでも聞いてみようかな」と関心を持たれます。

誘い水トーク 08

『私たちの仕事は、保険の見直しではなく、家計の見直しです』

――保険料の単価アップを狙うときに

《要点》お客様によっては、「今日は保険の見直しだけをしたい」と思っている方がいます。しかし保険料の捻出をするには、それ以外の支出についてもお話を聞かせてもらい、「家計全体の最適化」を図ります。このトークは、住宅ローン利用者、あるいは学資保険に加入している方に効果的なトークです。

《トーク例》「保険の見直しがご希望とお伺いしましたが、その他家計全体のいろいろなご相談にも乗らせていただきます。これは一般論ですが、お客様で意外に多いのが、〝保険は2万円以内にしておこう〟〝貯金は4万円しよう〟というように予算の上限を設けているケースです。また、住宅ローンは子どもが大学を卒業したあとに、繰り上げて返済していこう〟という方もいます。住宅ローンに払う利息はかなり高いものです。たとえば、住宅ローン３０００万円を平均金利1.5％で借りると35年で総額約８６０万円の利息を銀行に払うことになります。ところがその総額約８６０万円の利息のうち、およそ４分の３に当たる約６４０万円は、総期間の前半18年で払ってしまう計算になるのです。

となると、**18年で30万円の利息がつく学資保険を見つけても、銀行に６４０万円も利息を払っていたら、家計としては大赤字でしょう。**

こういうことがあるので、家計全体として最適な形は何なのか？　を念頭に置いて話をしたいんです。ですから〝貯金は4万円するけれど、保険は2万円以上払わない〟とか〝住宅ローンは当面、繰り上げ返済はしない〟などと決めつけずに、少なくとも**保険と貯金とローン、この3つはこの1時間の話題のなかに入れたいと思うんです**」

こんなお話をすると、お客様は「ああ、それはそうだよね。確かに財布はひとつだもんな」と納得していただけます。そして、家計全体について見直してくださるので、保険料の捻出が容易になります。

誘い水トーク 09

『円建てから外貨へ。定額から変額へ』

――老若男女、あらゆる方への定番トーク

《要点》保険の話を聞いてみようかな、という気にさせる「誘い水」には、大きく分けてお客様の属性によるトークのほか、「これがいまどきの賢い選択です」というトレンドの話もあります。たとえばこんな話です。

《トーク例》「現在はゼロ金利と言われる時代です。銀行に預けていても、お金があまり増えない時代が長く続いています。この傾向はまだしばらく続くでしょう。ですからお金を運用したければ、保険会社の外貨や変額というものを利用するのもいいですね。

円建てから外貨へ。定額から変額へ。これが大きな2つの流れです。

私も20年この仕事をしていますが、10年ぐらい前は、お客様に、〝外貨建ての運用について考えたことありますか?〟なんて話をすると、〝何それ?〟とポカンとした顔をされ

ました。

　ところが数年前から、お客様に、〝外貨建てや変額の運用などについて、考えられていますか？〟というと、〝周りの人もやってるし、気になってたのよ〟という方が大勢いらっしゃいます。

　近頃は、お客様もどんどん勉強して賢くなっている。いまから運用を含め、貯蓄性を兼ねた保障を考えるなら、外貨か変額を狙うのが面白いと、もうお客様のほうがご存知なのです。そんな変化を感じますね」


こんなお話をすると、お客様は「そうか、この頃は、みんな外貨や変額をやってるんだ。ちょっと話を聞いてみようかな」と思われます。

一方、突然「変額はどうですか？」と言われると、「リスクが高いのではないか」と思われます。しかし「みんなやってますよ」という話をすると、自分だけ置いてきぼりになりたくないという人間の心理が働きますから、話を聞いてくださいます。

誘い水トーク 10

『介護保険は、今後、保険の主流になるかもしれません』

――シニア層はもちろん、彼らの子ども世代へ

《要点》民間の介護保険はできて歴史も浅く、普及率も低い保険です。しかし超高齢社会を迎えた日本の人口構成を考えれば、これから必要とされる保険であることは間違いありません。介護保険を切実に必要と感じていらっしゃるのは現在50代以上の方でしょうが、意外と30代現役世代の保険の見直しついでに、ご両親を紹介してもらえることがあります。

《トーク例》「民間の介護保険の普及率は、まだまだ医療保険より低いんですよ。でも私はこれはいずれみんなが買わなければいけない保険だと思います。医療保険の普及率も、30年前は全然低かったんですが、すごいスピードで普及しました。今後介護保険はそれを上回る速さで普及するでしょう」

（お客様「医療保険って、30年前はなかったの？」）

「生命保険に付ける入院特約が主流で、単独の医療保険が出回りはじめたのは、この25年くらいです。みなさん医療保険の必要性を理解して、急激に普及しました。でもこれから本当に必要なのは、医療保険よりむしろ介護保険かもしれません。病気の多くは治るけれど、要介護状態になると治る可能性は低いと言わざるを得ません。私の父は8年寝たきりでしたが、『いつまで続くんだろう』と不安になることもありました。**介護は、最も身内を巻き込む問題です**」

（お客様「やっぱり国の介護保険だけじゃ不十分かしら？」）

「私の実体験では、プラス20万円は必要でした。介護の必要な期間を5年と見積もっても、1200万円はいりますね。だから貯金で1200万円確保しておくか、1200万円出る介護保険に入っておくかです。むろん、**払ったお金より多くもらえるのが保険です**から、貯金で1200万円確保より、介護保険へのご加入が賢明な選択だと思いますが」

現在60代くらいの方々は、「家族に迷惑をかけたくない」という意識が強いのが特徴です。「医療保険は自分のために入る保険ですが、介護保険は家族のために入る保険ですよ」と言うと、納得して買ってくださいます。

誘い水トーク 11

『iDeCoと保険の違いの要点をお話ししましょう』

――投資や資産運用に関心のある専業主婦や独身OL・男性に

《要点》私が最近専業主婦の方に誘い水としてお話しすることが多いのが、iDeCo《イデコ》（個人型確定拠出年金）の話題です。最近、女性誌のマネー特集などでもiDeCoが盛んに特集されています。そのため、いまの主婦のあいだで、iDeCoなど何らかの投資や資産運用を始めなければいけないという意識がとても高まっています。そこに私たちのビジネスチャンスがあります。商品が旬であること、そしていままで誰も手をつけなかった主婦の投資や資産運用にフォーカスをしたということで、お客様が広がるテーマなのではないでしょうか。しばらくは金利があまり上がりそうにありませんから、来年以降も、「貯金から投資・運用へ」というトレンドは続くと思います。

《トーク例》「２０１７年の１月に法律が変わり、将来の年金にプラスの拠出ができる

iDeCoという制度が注目を浴びています。今回、iDeCoで新しく拠出ができるようになったのは、公務員と大手企業のサラリーマン、そして専業主婦の方です。

公務員や大手企業のサラリーマンは、基本的に毎月1万2000円まで拠出することができるんですが、それに対して主婦の方は2万3000円と、ほぼ倍の金額を拠出することができるようになっています。

その理由のひとつは、公務員や大手企業のサラリーマンには、基礎年金だけでなく、その上に共済年金や厚生年金という2階建ての年金がありますが、専業主婦でサラリーマンの妻（第3号被保険者）は、2階部分がなく、基礎年金しかないからです。確かに彼らは国民年金保険料を払わなくても、基礎年金がもらえるのは魅力ですが、それだけでは年金額も少ないので、共済年金や厚生年金に代わるものを自分で貯めないと老後が不安だということを国はわかっていました。また、離婚された場合などはさらに収入不足になることが目に見えている。そこで自身による2階建て部分（厚生年金などの代わり）を準備してもらおうということで、毎月2万3000円の拠出枠を国が与えたんだろうと言われています」

（お客様「iDeCoって最近よく目にするから、気になっていたの。やっぱり有利なの？」）

	iDeco	生保
運用	◎	◎
節税	◎	○
保障	×	○
コンサル	×	◎
借りる	×	○
引き出し	×	○

「iDeCo は原則運用が主体ですが、保険会社の変額保険というものを使うと、運用と保障が同時に買えますよ。iDeCo と変額保険が違うのは、iDeCo に保障はありませんが、変額保険には保障がついているということです。一方、iDeCo は運用が主体であるものの、所得のある方には税金の節約になります（上の図を書きながら）。

ほかにも iDeCo と生保にはどういう違いがあるかというと、iDeCo は60歳まで引き出しはできません。生保は、商品によって貯まっているお金を借りるなど融通が利きますね。iDeCo は国民年金のように、支払った分が所得控除になりますが、支払った国民年金を返してもらうわけにはいきません。節税についていえば、iDeCo は「◎」ですが、変額保険は「○」ぐらい。

この表を見ていただければわかりますが、保険は全部にバランスよく「○」がつきます。

一方、iDeCoのいちばんの目玉は節税です。しかし**一般に専業主婦の方は収入がないわけですから、節税はあまり関係がないでしょう。**iDeCoに関する運用についてはコメントはできませんが、**変額保険なら私たちがご相談に乗れます。**

iDeCoの代わりにお勧めしたい変額保険とは、保障兼運用兼貯蓄になるというもので、これからの生保業界の旬のなかの旬の商品でとてもお勧めです。このように私はよくiDeCoと変額保険を絡めて語ります。もしこれが「変額の死亡保障は最低保障があります。一方、生存保障である満期や、解約したときのお金は上下することがあります」というように変額保険だけを説明しても十分にその魅力が伝わらないかもしれません。

ところがiDeCoと変額保険を並べてみると、興味が湧くのではないでしょうか。

あとがき

20年前、銀行業界から保険業界に移ったとき、売るモノが貯金から保険に変わっただけなのに、どうしてこんなにも難しいんだろうと、正直途方に暮れました。
テレアポはほとんど取れず、ようやくありついたアポで、訪問してはないがしろにされ、心折れるに十分すぎる洗礼を受けた駆け出しの数週間。

一人のお客様が言ってくれたひと言で、光が見えました。
「井上さん、この保険良いから買ってください。普通にそう勧めてもらえれば私買いますけど。だってこれ、プロのお墨付きなんでしょ？」

そうです。普通で良かったんです。自分だったらどうしたいか？　それをお客様と対話すればいいだけ。一対何十人なら、一方的なプレゼンテーションがいいでしょう。しかし、私たちがするのは、基本、マンツーマン。それなら、自然な対話がいい。意気込むから、恐くて引かれるのです。肩の力を抜いて、自分が信じる保険の対話でお客様と一緒に盛り上がってください。

この仕事はとても素晴らしい。心から誇りに思ってください。常に誠実であれ、謙虚であれ。そうすれば、嫌われたりなんかしません。続ければ続けるほど、深くなるけれど楽になる。

アイム　プラウド。レッツ・エンジョイ・セリング。

現在と未来の生保営業パーソンに捧ぐ。

井上健哉

【著者紹介】

井上　健哉（いのうえ・けんや）

◉——株式会社fpking代表取締役。MDRT（Million Dollar Round Tableの略、世界70の国と地域でトップ６％が資格を有する卓越した生保のプロによる世界的な組織）に24年連続で登録。

◉——1991年、立命館大学を卒業後、京都銀行へ入行。営業推進本部に配属され、新規融資先の開拓に従事し、２年４カ月で143社と成約。融資実行累計金額は39億円にのぼり、最年少でトップ成績を収める。

◉——1997年、ソニー生命にライフプランナーとして転職。入社１年目から、トップクラスの成績を挙げ続ける。

◉——2000年、株式会社fpkingを設立。これまで培った金融・税務・財務・法務の知識と経験をもとに、各士業と連携をとりながら経営コンサルティングに携わる。主宰している生命保険事業従事者に向けた勉強会「けんや塾」は、2021年で20年目を迎え、これまでの通算受講者数は1500名。うち1000名がMDRTに認定されるなど驚愕の成果を出し続けている。講演回数は、10年連続で年間200回を超える。

◉——これらの業務と並行して、化粧品、アパレル、百貨店外商、飲食店、旅行代理店、病院など幅広い業種で働く接客業従事者に向けた研修・セミナーやコンサルティングを行っている。著書に『売れる販売員の全技術』（小社刊）がある。本書は、30年間のキャリアで培ってきた、「初対面のお客様」との距離を縮めて買っていただく極意をまとめた１冊。

会《あ》って3分《ぷん》 話《はな》して1分《ぷん》 初対面《しょたいめん》で売《う》れる技術《ぎじゅつ》　〈検印廃止〉

2017年8月１日　第１刷発行
2021年4月26日　第２刷発行

著　者——井上　健哉
発行者——齊藤　龍男
発行所——株式会社かんき出版
東京都千代田区麹町4-1-4 西脇ビル　〒102-0083
電話　営業部：03(3262)8011㈹　編集部：03(3262)8012㈹
FAX　03(3234)4421　振替　00100-2-62304
http://www.kanki-pub.co.jp/

印刷所——ベクトル印刷株式会社

　ISBN978-4-7612-7279-1 C0034